반전이 있는
유럽사 2

한권이 읽는

유럽사 2

권재원 지음

천년의 원수,
백년의 동지
영국·프랑스 이야기

다른

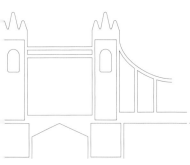

혁명의 나라,
자유와 혐오 사이에서

프랑스

유럽 하면 제일 먼저
생각나는 두 나라 이야기

    학생들을 모아서 나라 이름 대기 놀이를 한다고 생각해 보자. 어떤 나라들이 나올까? 일단 우리나라, 미국, 중국, 일본이 나올 것이다. 그러고 나면? 아마 열에 일고여덟은 영국, 프랑스가 나올 것이다.

    영국, 프랑스의 이름이 이렇게 빨리 등장하는 까닭은 우리 머릿속에 서양 문명을 대표하는 나라는 역시 영국과 프랑스라는 인식이 강하게 남아 있기 때문이다. 역사를 살펴봐도 그렇다. 17세기 이후부터 제2차 세계대전까지 서양 역사는 사실상 두 나라의 역사라 해도 과장이 아닐 정도다. 특히 산업혁명이 활발했던 19세기부터 제1차 세계대전 사이의 제국주의 시대에는 이 두 나라 영토와 식민지만으로 지구의 절반이 채워질 정도였다. 이쯤 되면 그 100년간은 이 두 나라의 역사가 곧 세계사라고 해도 되겠다.

    지금은 이 두 나라가 그때만큼 초강대국은 아니다. 미국, 중국, 러시아는 물론 과거 영국의 식민지였던 인도보다도 영향력이 줄어든 것처럼 보인다. 하지만 이들을 결코 만만히 봐서는 안 된다. 이들은 여전히 G7의 구성원이며, 국제연합 안전보장이사회에서 거부권을 행사할 수 있는 상임 이사국, 핵무기 보유국이다. 또 예전만큼의 압도적인 위상은 아니지만 손꼽히는 선진국이며 경제 대국이기도 하다. 이 두 나라의 위상은 언어에서 바로 확인된다. 영어는 세계 공용어다. 프랑스어 역시 외교관이라면 반드시 익혀야 하는 언어로, 국제 정치와 관계되는 용어의 상당수가 프랑스어다.

그럼에도 우리는 사회 시간이나 역사 시간에 이 두 나라에 대해 많이 배우지 않는다. 배우지 않는 만큼 오해가 생기고, 오해가 생기면 실수하기 쉽다. 그런데 이 두 나라의 역사를 공부하는 것은 몹시 혼란스럽다. 수백 년 동안 유럽의 패권을 놓고 서로 다투다 보니 역사도 서로 얽혀 있기 때문이다. 둘 중 한 나라의 역사만 살펴보는 것이 무의미할 정도다. 이를테면 '100년 전쟁'은 영국의 역사일까, 프랑스의 역사일까?

그래서 이 두 나라의 정치, 경제, 역사 등을 한 권으로 묶어서 낸다. 이전에 독일, 오스트리아, 체코, 헝가리의 역사를 따로 떨어뜨려 생각하기 어려워 한 권의 책으로 엮었던 것과 같은 맥락이다. 길고 지루한 코로나19 사태의 끝을 기대하며 다시 여행에 대한 관심이 높아지고 있다. 그중 가장 큰 관심의 대상이 되는 여행지는 단연 유럽이다. 모쪼록 먼저 출간한 《반전이 있는 유럽사 1》과 함께 《반전이 있는 유럽사 2》가 "아는 만큼 보이고 재미있는" 여행, "인문학의 향기가 있는" 여행을 준비하는 데 도움이 되었으면 한다.

일러두기

이 책에 나오는 고유명사 중 인명은 출신 나라를 기준으로,
지명은 현재 그 지역이 속한 나라를 기준으로 표기했다.

화려했던 어제와
안갯속의 미래

영국

영국에 대한
오해

영국이라는 나라는 없다

나라 이름부터 틀렸다. 미국이 미국이 아니고 독일이 독일이 아닌 것과 마찬가지로 '영국' 역시 이 나라의 이름이 아니다. 영국이라는 이름은 우리나라보다 서양 나라들과 먼저 접촉한 중국 사람들이 잉글랜드England를 한자로 음차한 영란英蘭, 영길리英吉利의 영英 뒤에 나라 국國을 붙인 것이다. 중국이나 일본에서 한자로 음차한 서양 나라 이름인 불란서(프랑스), 오지리(오스트리아), 희랍(그리스), 서반아(스페인), 화란(네덜란드), 서서(스위스), 서전(스웨덴) 등은 오늘날 우리나라에서 거의 사용되지 않는데 무슨 까닭인지 영국, 미국, 독일만 음차한 이름이 표준어가 되어 버렸다.

영국을 그 원어인 잉글랜드라 부르는 것 역시 틀렸다. 심지어 큰 실례가 될 수 있다. 예를 들어 에든버러 시민에게 "잉글랜드 사람입니까?"라고 물어보면 벌컥 화를 내면서 "아뇨! 스코틀랜드 사람입니다"라고 대답할 것이다. 2021년 G7 정상회담이 열렸던 콘월 같은 곳 역시 잉글랜드가 아니라 그냥 콘월이다. 영국도 잉글랜드도 아니라면 대체 이 나라 이름은 뭘까? 그리고 나라 이름이 잉글랜드가 아닌데, 왜 언어는 English일까?

일단 이 나라의 정식 명칭은 '그레이트브리튼과 북아일랜드 연합 왕국United Kingdom of Great Britain and Northern Ireland'이다. 이렇게 긴 이름을 다 부르기도 어렵고 해서 일반적으로 그냥 United Kingdom 또는 더 줄여서 UK라고 부른다. 그럼 이 나라 국민을 부를 때는? 그때는 브리티시British라고 한다. 군이 따지면 브리티시에는 북아일랜드가 들어가지 않지만, 어차피 북아일랜드 사람들은 영국이라는 나라에 대한 소속감을 별로 느끼지 않기 때문에 별로 상관하지 않는 분위기다.

영국의 국기인 유니언 잭이 이 복잡한 나라의 구성을 잘 보여 준다. 먼저 스코틀랜드와 잉글랜드가 합쳐지면서 두 왕국의 국기가 포개졌고, 여기에 다시 아일랜드 깃발이 추가되면서 오늘날의 모습이 되었다. 정리하면 이렇다. 영국은 '유나이티드 킹덤'이다. 영국 사람은 '브리티시'다.

그런데 왜 영국 말은 English일까? 실제로 이 말은 잉글랜드의 말이 맞기 때문이다. 이 연합 왕국을 이루는 스코틀랜드Scotland, 웨일스Wales, 아일랜드Ireland에는 모두 그 나름의 언어가 있고, 지금도 각 지역에서는 자기 언어를 사용하고 있다. 하지만 하나의 나라가 된 이상 공용어가 필요하며 영어가 바로 그 공용어다.

영국은 신사의 나라?

영국을 대표하는 이미지 중 하나가 '신사'일 것이다. 전형적인 영국 신사의 이미지는 단정한 양복을 넥타이와 조끼까지 차려입고, 모자를 쓰고, 우산 또는 지팡이를 든 모습이다. 이 전형적인 영국 신사 이미지

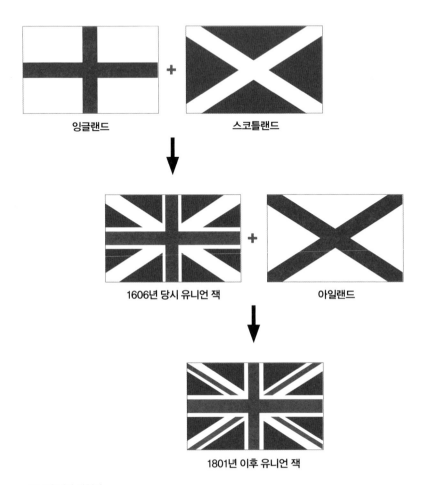

잉글랜드 + 스코틀랜드

1606년 당시 유니언 잭 + 아일랜드

1801년 이후 유니언 잭

유니언 잭의 변천사

를 이용해 성공한 코미디언이 찰리 채플린이다. 채플린은 영화에서 가난한 노동자, 실업자, 심지어 부랑자로 등장하지만, 늘 영국 신사 복장을 하고 나타남으로써 풍자와 역설의 웃음을 선사했다. '신사'라는 말 역시 중국인들이 영어의 '젠틀맨'을 자기 식으로 옮긴 말이다. 중국에서는 전현직 관료와 그 친인척으로 지역사회에 영향력을 행사하던 유교 지식인을 신사라고 불렀는데, 마침 이들은 영국의 젠틀맨과 사회적 지위와 역할이 비슷했다.

젠틀맨genlteman이라는 말이 어디서 비롯되었는지는 분명치 않다. 가문이 좋은 사람을 뜻하는 라틴어 gentílis에서 비롯되었다는 설이 있고, 세습 귀족이 아니지만 재산이 많고 사회적 지위가 있는 사람들을 뜻하는 gentry에서 왔다는 설도 있다. 백작, 남작 등의 작위는 장남에게만 계승되기 때문에 귀족 가문의 차남 이하 후손들은 지체는 높지만 작위가 없는 경우가 많았다. 이들은 영지를 물려받을 수 없었기 때문에 일을 해야 했는데 체면상 농민, 장인, 상인이 될 수는 없었고 의사, 변호사, 성직자 등 비교적 점잖은 직업이나 군인, 관리 등 공직에 종사했다. 이들이 바로 젠틀맨이다. 처음에는 족보가 귀족에 연결된 사람들만 젠틀맨이라고 불렀지만, 18~19세기를 거치면서 서민 계층 출신 중 그런 직업에 진출하는 사람들이 늘어나면서 젠틀맨은 족보보다는 사회적 역할, 지위를 일컫는 말이 되었다.

산업혁명에 앞장선 영국은 세계 경제의 중심이 되었기 때문에 유럽 어느 나라보다도 성공한 서민이 많았다. 당연히 젠틀맨도 제일 많았다. 더구나 세계의 중심이 된 런던은 영국뿐 아니라 온 세계 젠틀맨들의 집합소나 다름없었다. 그러니 영국을 '신사의 나라'라 부르는 것이 아주 근거 없는 것은 아니다. 단 그 신사들이 모두 영국 사람은 아니겠지만 말이다. 이 흔적은 아직까지도 남아 있어 영국에서는 슈트 차림의 남성을 다른 나라에 비해 더 많이 볼 수 있고, 남성들의 매너도 대체로 좋은 편이다.

그런데 영국이 마냥 신사의 나라이기만 한 것은 아니다. 세계적으로 악명 높은 훌리건(폭력적 행동을 하는 축구 팬들)의 원조도 영국이다. 훌리건은 경기장 난동은 물론, 경기장 바깥으로 튀어나와 거리에서 난투극을 벌이기도 하며, 때로는 폭행 사망 사고까지 일으킨다. 이런 일이 왜 일어날까? 평소에는 신사로 생활하다 축구장에만 가면 본능을 분출하는 것일까? 아니다. '신사' 영국인은 축구장에서도 신사다. 다만 영국에는 신사도 있고 훌리건도 있을 뿐이다. 신사도 영국인, 훌리건도 영국인이지만 이들은 서로 다른 계층에 속한다. 영국의 계층 격차는 우리가 생각하는 것 이상으로 크다. 다른 지역에 거주하며, 다른 취미 생활을 하고, 다른 축구장 구역에서 경기를 관람하고, 다른 옷을 입으며, 다른 학교에 다니고, 심지어 사용하는 언어도 다르다. 이른바 U-English와 non-U English다. U는 상류층^{upper class}의 약자다.

이 두 영어의 차이는 단지 발음이나 억양이 다른 정도가 아니다. 인사말도 다르고 표현법도 다르다. 영국의 non-U가 사용하는 영어는 발음의 왜곡이 너무 많아 영어로 들리지 않을 정도다. 영국은 신사의 나라이며 훌리건의 나라다. 또 신사가 반드시 긍정적이기만 한 것은 아니다. 때로 영국 신사는 매너 좋고 점잖은 사람이 아니라 감정 표현에 냉담하고 위선적인 사람의 이미지로 비춰지기도 한다.

영국은 민주주의 국가?

영국은 근대 민주주의의 발상지다. 17세기에 세계 최초의 시민혁명에 성공한 나라이며, 절대군주제를 끝내고 왕에게서 의회로 권력을 옮긴 입헌군주정, 의원내각제를 성립시켰다. 영국의 정치사상가인 토머스 홉스, 존 로크 등이 미국 건국의 아버지들과 프랑스 계몽사상가들에게 준 영향은 미국과 프랑스에서 일어나는 혁명의 밑거름이 되었다. 그런데 놀랍게도 영국은 민주주의 국가가 아니다. 영국은 공식적으로 왕국이며 신분제가 아직까지 남아 있는 나라다. 그렇다고 영국인들이 자신들을 신민이나 백성이라고 생각하는 것은 아니다. 이들은 자유와 인권에 민감하다. 다만 왕실이나 세습 귀족이라는 신분제를 용인하고 있을 뿐이다. 신분제는 남아 있으나 실질적인 특권은 없다.

형식적으로 영국은 주권이 국민이 아니라 국왕(여왕)에게 있는 나라다. 하지만 영국에서 실제로 정치가 이루어지는 과정은 의회 민주주의 국가의 전형적인 모습을 보여 준다. 평민들의 의회인 하원에 실질적인 입법권이 있으며, 내각책임제로 모든 정치권력이 이 내각에 있기 때문이다.

그런데 영국에는 여전히 귀족과 성직자 들의 의회인 상원이 있고, 상원은 하원이 의결한 법률안에 대한 심의권, 거부권을 가지고 있다. 심지어 의회를 소집하고 해산할 권한이 왕에게 있다. 하지만 상원이나 왕이 이 권한을 행사한 일은 18세기 이후 단 한 번도 없었다. 이 모든 권한은 명목상일 뿐, 현실적으로 발휘되기는 어렵다. 영국의 총리는 정기적으로 국왕에게 국정에 대해 보고하고 하원에서 의결한 것을 제안하는 방식으

영국 의회

로 국정을 운영한다. 하지만 국왕이 총리의 제안을 거절하는 경우는 없기 때문에 사실상 평민의 대표인 하원 의회에서 정책과 법률이 결정된다. 형식적으로는 군주정, 실질적으로는 민주정. 복잡한 나라다.

영국 음식은 맛이 없다?

영국 음식은 맛없기로 유명하다. 영국 음식의 맛없음을 소재로 하는 농담이 온 유럽과 미국에 널리 퍼져 있을 정도다. 일본의 세계적인 작가 무라카미 하루키는 영국 유학 시절 거의 외식을 하지 않았고, 레스토랑에서 먹는 것보다 직접 만들어 먹는 편이 더 나았다고 했다.

물론 영국은 세계적으로 유명한 셰프도 많이 배출했고, 유명한 레스토랑이 즐비한 나라다. 세계 10대 셰프 명단에 단골로 이름을 올리는 고든 램지, 제이미 올리버, 마르코 피에르 화이트 모두 영국인이다. 그러나 이 유명한 영국 셰프들이 주로 취급하는 요리는 프랑스, 이탈리아 요리지 영국 요리가 아니다. 맛이 없는 것은 영국식 음식이지, 영국인이 만든 음식은 아닌 것이다. 어떻게 이런 일이 일어났을까? 역설적으로 영국인들이 순순히 자기네 요리가 형편없다는 것을 인정했기 때문이다. 그래서 고유한 입맛을 고집하지 않고 세계 여러 나라의 음식 문화를 빠르게 받아들일 수 있었다.

또 영국은 "해가 지지 않는 나라" 시절, 전 세계에 걸친 식민지에서 수많은 이국적인 요리를 들여와 유럽화했다. 우리가 인도 요리라고 알고 있는 커리는 대부분 영국인들이 들여와서 다시 세계로 퍼뜨린 것이다. 이탈리아, 중국, 인도 등 각지에서 많은 이민이 일자리를 찾아 영국으로 건너갔는데, 온 세계의 실력 있는 요리사들도 성공을 꿈꾸며 런던으로 몰려들었다. 그들은 런던의 레스토랑들을 다채롭게 만들었으며, 그대로 런던에 정착했다. 오늘날에도 런던에서 가장 인기 많은 서양 요리는 영국 요리가 아니라 이탈리아 요리다. 결론적으로 영국 요리는 맛이 없다.

영국의
이모저모

늘 비가 내리는 섬나라

영국은 섬나라다. 큰 섬인 그레이트브리튼과 주변의 작은 섬들을 포함하는 그레이트브리튼 제도, 그리고 아일랜드섬의 북쪽(북아일랜드)으로 이루어져 있다. 그레이트브리튼은 약 21만 제곱킬로미터로 한반도와 비슷한 크기의 큰 섬이며, 여기에 북아일랜드를 보태면 약 24만 제곱킬로미터가 된다. 여기에 2021년을 기준으로 6,800만 명 정도의 인구가 거주하고 있다.

그레이트브리튼의 남쪽은 평지, 북쪽은 산악 지역이다. 그래서 잉글랜드에는 산이 많지 않고, 스코틀랜드에는 평야가 많지 않다. 하지만 잉글랜드가 평지라고 해도 비옥한 평야 지역보다는 해발 300미터 이하의 언덕과 평야가 교차하는 지형이 많다. 골프장 풍경을 떠올리면 된다. 또

영국의 지형

영국인들은 스코틀랜드 지역을 '하일랜드the Highlands'라고 부르긴 하지만 이 지역이 험준한 산악 지형을 이루고 있는 것은 아니다. 영국에서 제일 높은 산도 해발 1,343미터에 불과하다.

영국은 북위 49~60도에 걸쳐 있다. 시베리아와 비슷한 위도다. 하지만 대서양에 흐르는 난류와 편서풍의 영향으로 오히려 평균적으로는 우리나라보다도 더 따뜻하다. 영국의 평균 기온은 겨울에도 영하로 떨어지지 않고, 여름에도 25도를 넘지 않는다. 강수량도 1년 내내 골고루 분산되어 특별히 건조한 계절이나 장마철은 없다. 1년 내내 춥지도 덥지도 않은 온화한 날씨가 계속되는 그런 기후다.

하지만 평균은 평균일 뿐이다. 현지에서 체감하는 실제 영국의 기후는 매우 복잡하다. 하루에도 춥다가 더워지고, 맑았다가 비가 쏟아지기 일쑤다. 겨울에는 날에 따라 영하 10도를 밑돌거나 영상 15도를 웃돌기도 한다. 여름에는 겨울과 다름없이 15도 정도에 머무는가 하면 35도를 넘는 푹푹 찌는 날도 있다. 오죽하면 영국에서는 하루에 세계의 모든 기후를 경험할 수 있다는 말까지 나왔을까? 강수량도 연평균 700밀리미터 정도로 우리나라 강수량의 절반 정도에 불과하지만, 막상 비가 내리는 날은 160일을 훌쩍 넘어 1년의 절반 가까이 된다. 거의 하루 건너 하루 비가 오는 셈이다. 그러니 당연히 비가 올 거라고 생각하고 다니는 것이 속 편할 정도다. 하지만 장대비가 온종일 쏟아지는 날은 많지 않고 주로 소나기가 내린다.

영국인들 역시 언제 올지 모르는 소나기 때문에 우산을 가지고 다니는 것이 번거로웠던 모양이다. 웬만한 비는 우산 대신 코트와 모자로 잠깐 버티는 쪽을 선호한다. 영국이 트렌치코트와 펠트 모자 패션의 원조인 이유가 다 있는 법이다.

복잡한 구성의 연합 왕국

영국의 지역 구분은 몹시 복잡하다. 별개의 나라였던 잉글랜드, 스코틀랜드, 웨일스, 북아일랜드가 이런저런 과정을 거쳐 한 나라가 되었기 때문이다. 이 네 지역은 스스로 고유한 정치, 문화적 주체라고 생각하는 정도가 미국이나 독일의 주보다 훨씬 강하다. 언어도 잉글랜드어, 스코트어, 웨일스어, 아일랜드어가 다 따로 있다. 다만 잉글랜드의 말을 연합 왕국의 공용어로 쓸 뿐이다.

지역도, 주도 아니라면 이 넷의 지위는 무엇일까? 바로 구성국이다. 영국이라는 나라의 정식 명칭이 연합 왕국 아닌가? 이들이 바로 그 연합을 이루는 각각의 구성국이다. 다만 수준이 조금씩 다르다. 잉글랜드와 스코틀랜드는 각각 왕국, 웨일스는 대공국, 북아일랜드는 그냥 속지^{屬地}다. 잉글랜드 왕국, 스코틀랜드 왕국의 국왕은 엘리자베스 2세 여왕이며, 웨일스 대공국의 대공은 찰스 왕세자다. 북아일랜드는 여왕이 임명한 국무대신이 통치한다. 그리고 엘리자베스 2세 여왕은 다시 이 나라들이 연합해서 만든 왕국의 국왕이 된다. 이들은 명목상 각각의 나라이기 때문에 별도의 정부를 구성하고 있으며, 행정구역도 다르다. 우리나라의 도와 군 중간 정도 되는 자치주들을 잉글랜드는 county, 스코틀랜드는 council area, 웨일스는 unitary authority라고 부른다.

● 잉글랜드
● 스코틀랜드
● 웨일스
○ 북아일랜드

영국의 구성국

그런데 스코틀랜드, 웨일스, 북아일랜드에는 연합 왕국에 대해 반감을 느끼는 사람이 적지 않다. 사실상 잉글랜드가 다른 세 구성국을 지배한다고 느낄 수 있기 때문이다. 실제로 스코틀랜드에서 분리 독립에 대한 국민투표가 실시된 적도 있었다. 아슬아슬하게 부결되기는 했지만 가결되었다면 '연합 왕국'이라는 나라 이름부터 바꿔야 했을 것이다. 네 나라 중 웨일스와 북아일랜드는 왕국이 아니기 때문이다.

● **잉글랜드**

영국의 거의 절반을 차지하는 영토가 가장 큰 구성국이다. 인구도 2020년 기준 5,600만 명을 넘어 전체의 80%를 넘는다. 그런데 네 구성국 중 유일하게 자치 정부가 없다. 스코틀랜드, 웨일스, 북아일랜드 정부와 의회는 있어도 잉글랜드 정부, 잉글랜드 의회는 없다. 잉글랜드가 연합 왕국 국왕의 직접 통치 구역으로 정해져 있기 때문이다. 그렇다고 잉글랜드 주민들이 여기에 불만이 있는 것은 아니다. 이들은 영국 정부가 곧 자기네 정부라고 여기기 때문이다.

잉글랜드라는 이름은 앵글족Angles의 땅이라는 뜻이다. 앵글족은 로마제국이 이 지역을 떠난 뒤 건너온 게르만족의 일파다. 사실 게르만족들 중 앵글족만 건너온 것이 아니다. 먼저 유트족이 건너왔고, 색슨족도 함께 건너왔다. 실제 세력은 색슨족이 가장 컸다. 그래서 잉글랜드인들은 자신들을 굳이 앵글로·색슨이라고 부르지 않고 그저 색슨이라고만 부르는 경우가 더 많다.

잉글랜드에는 아홉 개의 관행적인 권역이 있다. 이 권역들은 법적인

1 노스웨스트 잉글랜드
2 노스이스트 잉글랜드
3 요크셔험버
4 웨스트미들랜즈
5 이스트미들랜즈
6 사우스웨스트 잉글랜드
7 사우스이스트 잉글랜드
8 그레이터 런던
9 이스트 오브 잉글랜드

잉글랜드의 권역

자치구가 아니라 관행적, 문화적 지역 구분이다. 실제로 지방자치가 이루어지는 단위는 권역보다 작은 단위인 자치주county, 그리고 그보다 더 작은 단위인 자치구borough(버러)다. 그래서 영국에는 유난히 '~버러'라는 이름의 도시가 많다. 이 중 잉글랜드에서 눈여겨볼 만한 몇몇 권역을 찾아가 보자.

2020년 기준 이 두 지역에 잉글랜드 인구의 30%가 넘는 1,800만 명 이상이 살고 있다. 규모뿐 아니라 정치, 경제적인 영향력, 문화 등을 총망라할 경우 런던은 뉴욕, 도쿄, 파리와 더불어 4대 도시로 꼽히는 세계적인 대도시다. 20세기 중반까지는 세계 정치, 경제, 문화의 중심지로 오늘날 뉴욕 이상의 위상을 가지고 있었다. 영국의 위상이 옛날 같지 않은 지금도 런던은 뉴욕, 홍콩과 더불어 세계 3대 금융 허브로 꼽히며, 수많은 세계적인 기업들이 본사나 중요한 지사를 두고 있는 중요한 도시다. 런던이 영국에서 차지하는 위상은 절대적이다. 런던이라는 도시 하나의 연간 총생산이 1조 달러를 넘나들어 영국 전체의 3분의 1이나 된다. 그래서 영국은 런던과 런던 아닌 곳의 편차가 매우 심하며, 런던 안에서도 부유한 지역과 그렇지 않은 지역의 차이가 크다.

그레이터 런던은 시티 오브 런던과 이를 둘러싼 32개의 자치구London boroughs로 이루어져 있다. 이 32개의 자치구는 시티 오브 런던을 가운데 두고 둘러싸고 있는데, 안쪽에 있는 자치구일수록 역사도 오래되고 인구밀도도 높다. 이 안쪽의 12개 자치구를 이너 런던, 바깥의 20개 자치구를 아우터 런던이라고 한다. 우리나라로 치면 중구는 서울시^{City of Seoul}라고 부르고, 그 밖에는 용산, 마포 등등 각각의 구 이름으로 부른다고 생각하면 된다.

- **시티 오브 런던**

흔히 '시티'라고 부른다. 가로세로 각 2킬로미터도 안 되는 매우 좁은 구역이고, 인구도 1만 명이 안 되는 곳이지만, 수천 개를 넘나드는 글로벌 금융 기업들이 밀집해 있는 경제 중심지다. 그래서 이 좁은 구역의 하루 유동 인구가 40~50만 명에 이른다. 런던에서 거의 찾아보기 어려운 현대식 고층 건물이 몰려 있는 곳이기도 하다.

- **시티 오브 웨스트민스터**

흔히 런던 하면 떠오르는 곳이다. 영국의 국회의사당이 있는 웨스트민스터 궁전에서 비롯된 이름이다. 영국의 정궁인 버킹엄 궁전, 총리 관저가 있는 다우닝 10번가, 정부 청사가 있는 화이트홀, 번화가를 뜻하는 말로 널리 쓰이는 소호 거리, 내셔널갤러리, 코벤트 가든 로열 오페라 극장 등 명소들이 이곳에 모여 있다. 웨스트민스터를 중심으로 형성된 런던의 번화가를 통칭하는 이름이 바로 유명한 '웨스트 엔드'다. 웨스트 엔드는 뉴욕의 브로드웨이와 더불어 세계 공연 예술의 중심지이기도 하다.

금융 기업이 밀집해 있는 시티 오브 런던

위: 영국의 국회의사당이 있는 웨스트민스터 궁전
아래: 영국의 정궁 버킹엄 궁전

바다로 향해 있는 영국의 관문이자 산업의 중심지였던 곳이다. 17세기까지 유럽의 2류 국가를 면치 못했던 가난한 섬나라 영국이 유럽을 넘어 세계 최대 강국으로 성장한 계기는 바로 대서양으로 뻗어 나가 스페인 등 경쟁국을 물리치고 해상권을 장악했기 때문이다. 이 지역은 영국이 유럽의 다른 나라들의 방해를 받지 않고 바다로 드나들 수 있는 유일한 지역으로 바다를 기반으로 패권을 차지한 영국의 숨구멍과 같은 곳이었다.

이 지역에서 바다의 입구 역할을 한 관문 도시가 리버풀이다. 영국은 리버풀을 통해 세계 여러 나라의 물산을 수입하고, 영국의 상품을 수출했다. 당연히 리버풀 근처에 대규모 공장들이 세워지게 되었는데, 이렇게 해서 세워진 도시가 영국 제2의 도시였던 맨체스터다. 대영제국 시절 런던이 세계 금융의 중심지였다면, 맨체스터, 리버풀 일대는 세계의 공장이었다. 그래서 한때 리버풀은 영국에서도 돈이 쏟아지는 도시, 심지어 런던보다 부유한 도시였다. 그러나 영국이 세계 산업의 중심에서 밀려나게 되면서 리버풀도 함께 몰락했다. 그나마 맨체스터는 상업, 금융, 연구 개발 도시로 변신에 성공했지만 리버풀은 점점 쇠락해 마침내 잉글랜드에서 가장 가난한 도시로 손꼽히는 지경이 되었다.

이렇게 산업화의 빛과 그림자를 다 경험한 지역이다 보니 이 지역은 런던과 문화나 풍토가 상당히 다르다. 노동계급의 문화가 많이 남아 있고, 거칠고 직설적이며 정치적으로도 진보 성향이 강하다. 이 지역을 기반으로 하는 신문 〈가디언〉은 영국뿐 아니라 세계적으로도 진보 언론의 대명사가 되었다. 또 이 지역은 축구로 유명하다. 이 지역의 축구 팀인 리

위: 상공에서 내려다본 맨체스터
아래: 리버풀의 로열 앨버트 독

버풀, 맨체스터 유나이티드, 맨체스터 시티와 런던을 기반으로 하는 아스널, 첼시, 토트넘 홋스퍼 사이의 대결이 잉글랜드 프리미어리그의 관전 포인트일 정도다.

콘월

사우스웨스트 잉글랜드 서쪽 끝자락에 있는 자치주다. 인구도 많지 않고, 산업 시설이나 대도시도 없는 이곳을 따로 소개하는 까닭은, 민족 관계 복잡한 영국에서도 가장 복잡한 곳이기 때문이다. 이곳은 공식적으로는 잉글랜드에 속하지만 앵글로·색슨족보다는 켈트족이 많이 거주하고 있고, 거리도 웨일스와 더 가깝다. 그렇다고 콘월 사람들이 웨일스인은 아니며, 독자적 언어인 콘월어도 있다. 그래서 콘월은 웨일스, 스코틀랜드 같은 완전한 구성국은 아니지만, 잉글랜드에 완전히 종속된 것도 아닌 특별한 행정구역이다. 2014년 이후 영국 정부는 콘월 주민을 소수민족으로 인정해 보호하고 있다. 콘월의 명목상의 통치자는 콘월 공작인데, 현재 찰스 왕세자가 이를 겸하고 있다.

콘월 사람들은 잉글랜드를 별로 탐탁지 않게 여길지 몰라도, 잉글랜드 사람들은 콘월을 매우 좋아한다. 셜록 홈스가 그랬듯 퇴직하면 콘월에 별장을 사는 것이 꿈일 정도다. 풍광이 매우 아름답기 때문이다. 영국인만 콘월을 좋아하는 것이 아니다. 콘월은 유럽 전체에서도 가장 찾고 싶은 휴양지로 늘 열 손가락 안에 꼽히는 지역이다.

위: 콘월의 아름다운 도시 세인트아이브스
아래: 세인트아이브스의 포스민스터 해변

● 스코틀랜드

스코틀랜드의 면적은 약 7만 8,000제곱킬로미터로 대한민국보다 조금 작지만 인구는 2020년 기준 540만 명으로 10분의 1 정도에 불과하다. 스코틀랜드가 잉글랜드와 이질적인 지역이 된 역사는 생각보다 훨씬 길어서 거의 2,000여 년 전 로마 시대까지 간다.

그레이트브리튼의 켈트족 중 잉글랜드와 웨일스 지방의 브리튼인은 로마에 동화되었지만, 스코틀랜드의 픽트인은 로마의 지배를 받아들이지 않고 거세게 저항했다. 로마는 하드리아누스 장벽을 쌓아 이 지역을 제국의 바깥, 즉 야만의 지역으로 간주했다. 픽트인은 종종 이 장벽을 넘어와서 로마화된 브리튼인들을 괴롭혔다. 그리고 아일랜드에 주로 거주하던 켈트족의 한 분파인 스코트인이 건너와 픽트인을 통합하면서 세운 나라가 스코틀랜드다. 이후 스코틀랜드는 게르만족(앵글로·색슨)과 바이킹(데인족, 노르만족)의 침입도 격퇴하고, 잉글랜드와도 치열하게 맞서면서 섬 안의 두 왕국으로 공존했다.

민족의 기원이 거의 같다 보니 아일랜드식 이름과 스코틀랜드식 이름이 겹치는 경우도 많다. Mac으로 시작하는 성이나 Sean, Liam, Barry, Allen, Patrick, Ian, Donald, Dylan 같은 이름이 그렇다. 그렇다고 이들이 서로 유대감을 느끼는 건 아니다. 스코틀랜드에는 장로교 신자가 많고, 아일랜드인은 대부분 가톨릭 신자이며, 스코틀랜드는 잉글랜드와 대등한 구성국이지만, 아일랜드는 사실상 식민지였기 때문이다.

스코틀랜드는 영국의 발전에 만만치 않은 역할을 한 곳이다. 무엇보다 영국의 국방에 큰 역할을 했다. 스코틀랜드 사람들이 싸움을 좋아하고 격정적이라는 것이 잉글랜드 사람들의 편견만은 아니었던 모양이다. 영국의 유명한 군인들 중에 유독 스코틀랜드 출신이 많다. 넬슨 제독이나 웰링턴 장군이 대표적이다. 도전적인 기업가 정신이 필요한 산업혁명의 영웅들도 증기기관을 발명한 제임스 와트, 증기선을 발명한 로버트 풀턴을 비롯해 유독 스코틀랜드 출신이 많다.

스코틀랜드는 풍부한 석탄을 기반으로 산업혁명기 영국 경제의 기관차 역할을 했다. 산업혁명과 자유 시장경제의 이론적인 기반을 제시한 애덤 스미스도 스코틀랜드 사람이다. 스코틀랜드의 수도 에든버러는 영국 과학의 중요한 거점이었고, 스코틀랜드의 항구 도시 글래스고는 영국 조선 공업의 중심지 역할을 했다. 참고로 스코틀랜드인은 '스코티시'라고 부른다. '스카치'는 위스키에만 쓰는 이름이다.

에든버러

스코틀랜드의 수도로 영국에서 손꼽히는 문화 도시다. 역사와 전통을 자랑하는 에든버러 대학교는 18세기 유럽 사상에 큰 영향을 준 스코틀랜드 계몽주의의 산실이다. 기후가 온화하고 도시가 아름다워 손꼽히는 관광 도시이기도 하다. 해마다 무려 1,300만 명의 관광객(우리나라 전체 해외 관광객 수와 맞먹는다)이 이 도시를 찾는다. 그렇다고 에든버러가 그저 옛 스코틀랜드 유적으로 이루어진 관광 도시는 아니다. 에든버러는 금융 도시다. 런던과 더불어 영국의 양대 금융 허브이며 파리, 프랑크푸르트, 취리히, 암스테르담 등과 더불어 유럽의 10대 금융 도시에 속한다.

위: 에든버러 전경
아래: 에든버러 성 일대

● 웨일스

면적이 약 2만 제곱킬로미터에 불과하고 인구도 2020년 기준 317만 명 정도밖에 안 되는 작은 구성국이다. 스코틀랜드와 달리 독립성도 모호하다. 독자적인 왕국을 세운 적 없기 때문이다. 하지만 웨일스 사람들이 자신들을 독자적인 민족으로 생각하는 정도는 스코틀랜드 사람들보다 강했으면 강했지 결코 약하지 않다. 이들은 자기들이 가장 오래된 브리튼인이라고 생각한다. 틀린 말은 아니다. 게르만족인 앵글족, 색슨족 등이 침공하면서 로마 문명에 동화된 브리튼인들이 서쪽으로 밀려나게 되었는데, 이들이 바로 웨일스인의 조상이다.

웨일스는 한동안 '게르만 오랑캐' 앵글로·색슨족의 침공에서 브리튼의 문명을 지키는 문명 보존 구역 같은 역할을 했다. 게르만족의 침공으로 파괴된 문명의 보존과 그 부활에 대한 염원이 담긴 전설이 바로 원탁의 기사로 유명한 '아서왕 이야기'다. 아서왕 이야기의 마지막은 언젠가 아서왕이 돌아와 침략자를 물리치고 찬란한 왕국을 재건할 것이라는 예언이다. 물론 웨일스가 잉글랜드를 그레이트브리튼에서 몰아낼 꿈을 꾸는 것은 아니다. 하지만 잉글랜드에 대한 배타적인 감정은 아직 남아 있다. 참고로 콘월 사람들은 아서왕 이야기가 자기들 것이라고 주장한다.

카디프

웨일스의 수도이며 최대 도시다. 하지만 주변 위성 도시를 포함해도 인구가 45만 명 정도에 불과하다. 19세기에는 석탄 수출 항구였으며, 수산물 가공업, 기계공업 등으로 성장했지만, 지금은 산업 도시보다는 관광 도시에 가깝다. 역사가 매우 길어서 그레이트브리튼을 제국의 영토로 삼은 로마가 아일랜드인의 침략을 방어하기 위해 세운 요새 도시로 출발했다. 그런데 지금은 아일랜드인이 많이 건너와 살고 있어, 영국에서 가톨릭 교세가 가장 큰 도시가 되었다. 〈셜록〉, 〈닥터 후〉 등 세계적으로 유명한 영국 드라마를 이곳에서 촬영한 덕분에 외국 관광객들이 부쩍 늘어나기도 했다.

● 북아일랜드

구성국들 중 영토 면적이 가장 작아 경기도 정도 되는 약 1만 4,000 제곱킬로미터에 불과하며, 인구도 200만 명이 채 되지 않는다. 그럼에도 영국의 구성국들 중 해외 뉴스에 가장 많이 등장했다. 1980년대까지 내전과 테러가 빈번하게 발생한 영국의 화약고나 다름없었던 곳이기 때문이다. 이 작은 나라가 내전과 테러로 얼룩진 데에는 역사적으로 사연이 있다.

지금은 그레이트브리튼과 북아일랜드 연합 왕국이지만 1922년 이전까지 영국은 북아일랜드가 아닌 아일랜드 전체를 지배하고 있었다. 문제는 아일랜드가 스코틀랜드나 웨일스 같은 구성국이 아니었다는 것이다. 아일랜드는 피비린내 나는 정복 전쟁을 통해 통합된 식민지였다. 더구나 그 식민 통치 기간이 일제 강점기의 10배가 넘는 400년이다. 여기에 종교 갈등까지 겹쳤다. 아일랜드 주민 대다수는 가톨릭 신자고, 잉글랜드의 국교는 국교회(성공회)다. 영국은 명목상의 연합 왕국이라는 이름도 무색하게, 주요 공직은 국교회 신자가 아니면 맡을 수 없게 차별했다. 결국 아일랜드로 건너온 잉글랜드 사람들이 중요한 직책을 독점하고 가톨릭 신자인 아일랜드 토착 귀족과 지주는 몰락했다.

억세고 투쟁적인 성격의 아일랜드인들은 영국의 지배를 순순히 받아들이지 않고 끈질기게 싸웠고, 1937년에 아일랜드 공화국을 세우면서 마침내 독립을 쟁취했다. 문제는 잉글랜드에서 건너온 국교회 신자가 많이 거주하던 아일랜드의 북쪽(얼스터) 지역이다. 정착한 국교회 신자들이 아일랜드 공화국으로의 합병을 거부하고 연합 왕국에 남는 것을 원했기 때문에 오늘날의 북아일랜드 지역이 영국에 잔류하게 되었다.

하지만 이 지역 주민 중에도 아일랜드 공화국으로의 합병을 원하거나 적어도 영국에 속하는 것을 거부하는 아일랜드인이 적지 않았고, 아일랜드 공화국 역시 헌법에 북아일랜드를 아일랜드 영토로 규정하고 있었다. 결국 이 북아일랜드의 아일랜드인은 영국에 대항해 독립 투쟁을 했고, 이 중 과격한 집단은 아일랜드 해방군IRA을 결성해 영국을 상대로 테러까지 감행했다. 이렇게 북아일랜드는 유럽의 화약고가 되어 테러가 끊이지 않는 지역이 되었다. 영국 잔류를 지지하는 정파, 아일랜드 공화국으로의 합병을 지지하는 정파, 북아일랜드만의 독립을 요구하는 정파가 갈라져 수십 년간 서로 테러와 암살을 주고받았다. 영국 정부는 이 지역의 분리 독립운동을 가혹하게 폭력적으로 진압했다.

이 와중에 비극적인 사건이 발생했다. 1972년 1월 30일, 북아일랜드의 독립을 요구하는 비무장 시위대에게 영국군이 발포해서 13명이 목숨을 잃었다. 악명 높은 '피의 일요일 사건Bloody Sunday'이다. 영국 정부는 세계로부터 거센 비난을 받았고, 그동안 영국이 누리던 정치 선진국, 문명 세계를 대표하는 나라라는 명성에 금이 가고 말았다. 그러자 아일랜드 해방군은 엄청난 보복으로 응수했다. 영국 해군의 수장인 루이스 마운트배튼 원수를 죽인 것이다. 루이스 마운트배튼 원수는 계급도 계급이지만 에든버러 공작 필립(엘리자베스 여왕의 남편)의 삼촌이자 필립을 양육한 사람, 즉 사실상 엘리자베스 여왕의 시아버지나 다름없었다. 이렇게 북아일랜드 독립 세력과 영국은 돌아올 수 없는 강을 건너고 말았고, 이후 10년 넘도록 서로 보복을 일삼으며 벨파스트를 폭음과 피로 물들였다.

이 참혹한 피의 사슬은 아일랜드 이민의 후손인 클린턴 미국 대통령의 중재로 1998년에야 간신히 마무리되었다. 영국, 아일랜드, 북아일랜드의 각 정파 지도자들이 모여 벨파스트 협정을 체결했고, 이에 따라 아일랜드는 헌법에서 북아일랜드를 영토로 하는 조항을 삭제하고, 영국은 북아일랜드에 대한 직접 통치를 중단하고 군대를 철수시켰다. 이후 북아일랜드에 자치 정부가 세워지고 잉글랜드와 대등한 구성국 지위를 인정받게 되었다. 독립운동 정파들은 무장을 해제하고, 자치 정부 정당으로 전환했다. 이후 테러나 가혹행위는 사라졌지만 역사적인 앙금이 사라지지는 않았고, 사라질 수도 없다. 북아일랜드는 여전히 마음은 아일랜드인, 국적은 영국인인 사람들이 살아가는 미묘한 자치 구역으로 남아 있다.

오랜 합의로 만든 정치 체제

영국의 정치제도를 딱 부러지게 설명하기 어렵다. 교과서에는 '왕이 군림하되 통치하지 않는' 입헌군주정이며 의회에서 선출한 총리가 내각을 구성해 행정부를 책임지는 '의원내각제'라고 나온다. 실제로 그렇게 운영되고 있다. 5년마다 한 번씩 실시되는 총선에서 하원 의원을 선출하고, 이 하원 다수당 당수가 총리가 되어 장관들을 임명하고 행정부인 내각을 구성한다. 총리는 임기가 따로 없어, 의원 다수가 불신임하면 언제든지 물러난다. 총리는 주요 정책을 내각 회의와 하원 회의를 통해 결정하고, 이 결정을 국왕에게 제안하며, 국왕이 이를 시행한다. 하지만 국왕이 총리의 제안을 거부하는 경우가 없기 때문에 사실상 의회와 내각에 의해 모든 정치가 이루어진다. 전형적인 입헌군주제이며 의원내각제다.

그런데 엘리자베스 2세 여왕이 서거하고 찰스 왕세자가 찰스 3세로 등극한 가상의 역사를 그린 BBC의 2017년 드라마 〈찰스 3세〉에 충격적인 장면이 나온다. 찰스 3세 국왕이 의회에 난입하더니 "국왕에게 부여된 신성한 대권에 따라 의회를 해산한다"라고 선포한 것이다. 더 놀라운 것은 의장이 "폐하께서 진심으로 원하신다면 그대로 이행될 수밖에 없음을 아룁니다"라고 대답한 것이다. 왕이 '군림하되 통치하지는 않는다'는 것이 명확하게 정해진 법이 아니라 일종의 관행, 불문율이었던 것이다. 그 불문율을 역대 국왕들이 무려 400년이나 지켜 왔다. 만약 왕이 독한 마음을 먹고 왕정을 시도한다면 심각한 반발에 부딪칠 것이고, 아마도 강제로 퇴위당할 가능성이 높긴 하지만, 어쨌든 이론적으로는 가능하다.

이런 황당한 상황이 가능한 것은 영국이 헌법 없는 나라이기 때문이다. '입헌군주정'이라는 말 자체가 성립되지 않는다. 왕이 군림하되 통치하지 않는 것은 헌법에 그렇게 나와 있기 때문이 아니라 명예혁명 당시 윌리엄 3세가 의회와 맺은 합의문인 '권리장전'에 근거하는 것이다. 이건 헌법이라기보다는 선대 국왕과 선대 의회 간의 약속이자 계약이다. 근대 민주정치의 발원지 역할을 한 나라에 헌법이 없고, 다만 약속과 관행이 왕의 권력을 제한해 왔다니 깜짝 놀랄 소리로 들리지만, 아직 놀랄 일이 더 남았다. 영국에는 헌법만 없는 것이 아니라 민법, 형법 등 일반적인 법률도 없다. 법이 아주 없는 것은 아니라, 그때그때 필요한 법조문을 의회에서 제정하지만, 우리나라처럼 취지에서부터 세부사항까지 세밀하게 규정한 그런 법률이 없다.

이래서야 도대체 어떻게 나라가 운영되겠나 싶지만, 그래도 멀쩡히 운영되는 것이 영국 정치다. 그 배경에는 판례와 관례가 있다. 체계적인 법전은 없지만, 오랫동안 누적된 재판의 판례나 관례를 참고하는 것이다. 나라 전체를 규정하는 헌법이나 어떤 영역 하나를 체계적으로 규율하는 법률은 없지만, 그동안에 누적된 재판 사례와 관습법을 바탕으로 합리적으로 판단해 나라를 운영하는 것이다. 바로 이 때문에 영국의 법체계를 '불문법' 체계라고 한다. 이는 법이 체계적이고 치밀한 독일이나 프랑스의 대륙법 체계와 대비된다.

이게 영국 민주주의의 저력이며 장점이다. 법이 모든 것을 세세하게 규정하지 않았기 때문에 치열한 토론과 합의를 통해 의사 결정을 하는 문화가 자리잡은 것이다. 영국의 입법부인 하원의 의석 배치는 다른 나라처럼 의장석을 중심으로 반원을 그리는 것이 아니라 여당과 야당이 마주보고 앉도록 되어 있다. 거의 말싸움에 가까운 치열한 논쟁을 전제로 하는 것이다. 우리나라에서도 학생들 토론 대회 등에서 자주 사용하는 '디베이트 규칙'도 영국 하원의 토론 방식을 따온 것이다. 재판도 배심원

앞에서 원고와 피고가 주장을 펼치며 논쟁한 뒤, 배심원들의 토론에 이은 평결로 이루어진다. 상세하게 규정된 법 조항을 따지는 것보다는 시민의 보편적인 상식과 관습을 믿는 것이다.

특정한 전문가나 집단이 만든 법률보다 오랜 역사를 통해 시민과 국왕 사이에 맺어진 약속들, 그리고 그동안 형성된 관행들을 믿고, 그것만으로 부족할 때는 양식 있는 다수 시민이 충분히 토론한 뒤에 결정하는 다수결을 믿는 것. 이게 영국식 민주주의의 핵심이며, 다른 나라가 함부로 따라 할 수 없는 것이기도 하다.

시련 앞에 선 국가 경제

영국의 국내총생산GDP은 2021년 기준 3조 1,000억 달러로 세계에서 일곱 번째로 많다. 1인당 국내총생산은 우리나라보다 훨씬 높은 4만 6,344달러다. 대영제국의 영광은 사라졌지만 그래도 여전히 높은 수준의 경제력을 자랑하고 있다.

영국은 예스러운 느낌을 주는 나라, 과거의 영광에 잠겨 있는 낡은 나라라는 느낌을 주지만 그것도 오해다. 현재 영국은 미국 다음가는 금융 대국이며, 유럽 최고의 ICT 기술 국가다. 바이오 산업, 제약 산업에서 미국, 독일과 세계 최고를 다투며 우주 항공, 방위 산업 분야의 경쟁력도 높다. 드러나는 완제품이 없어 티가 나지 않지만 자동차, 비행기 엔진의 핵심 부품과 관련되는 원천 기술도 많이 보유하고 있다. 그러나 금융업, 첨단 산업이라는 꽃에 감춰진 전통 제조업의 그늘, 그리고 거기서 비롯된 극심한 양극화는 영국 경제의 발목을 잡는 문제가 되고 있다. 특히 지역 간의 격차가 심각하다. 영국은 런던과 나머지 지역으로 이루어진다는 말이 나올 정도다.

영국 경제가 직면한 가장 큰 문제는 영국이 유럽연합을 탈퇴한 브렉시트다. 2021년부터 영국은 더 이상 유럽연합이라는 넓은 시장을 마음껏 활용할 수 없게 되었다. 이건 영국만의 문제가 아니다. 영국에 진출한 글로벌 기업들이 영국에 머무르는 중요한 이유가 사라졌기 때문이다. 그동안 글로벌 기업들은 유럽 시장의 관문이면서 영어가 잘 통하는 지역이라는 이유로 영국을 유럽 시장의 거점으로 삼았다. 하지만 더 이상 유럽연합 소속이 아니게 된 영국 경제 앞에 만만치 않은 시련과 난제가 기다리고 있다.

오랜 전통의 문화 강국

영국은 문화 강국이다. 200년간 세계를 지배했던 대영제국의 전통과 유산이 영국의 문화, 예술, 과학기술 분야에 깊게 뿌리내려 있다. 영국은 미국 다음으로 노벨상 수상자를 많이 배출한 나라이며, 특히 과학 분야에 치우친 미국과 독일, 문학상에 치우친 프랑스와 달리 두 분야 모두 골고루 수상자를 배출하는 등 문화 강국으로서의 면모를 잘 보여 준다.

● 막강한 기초 학문 역량

영국 문화의 힘은 든든한 기초 학문 역량에서 나온다. 런던, 옥스퍼드, 케임브리지 세 도시에 자리 잡은 여섯 개 대학은 미국 최상위권 대학에 역량이나 명성에서 뒤지지 않는다. 옥스퍼드와 케임브리지는 미국의 하버드와 예일에 견주고, 임페리얼 칼리지 런던과 유니버시티 칼리지 런던은 미국의 캘리포니아 공과대학(이른바 칼텍)이나 메사추세츠 공과대학 MIT에 버금가며, 런던 정치경제대학은 사회과학 분야에서, 킹스 칼리지 런던은 의학과 생물학 분야에서 세계 최고 수준을 자랑한다. 이 대학들은 역사가 수백 년씩으로 노벨상 수상자만 수십 명씩 배출했다. 이 여섯 대학뿐 아니라 지방 대학이라 할 수 있는 에든버러 대학교, 카디프 대학교도 세계적인 명문 대학으로 활발한 연구 성과를 내고 있다. 영국은 미국 다음으로 고등교육, 연구 기반이 뛰어난 나라이며, 유럽에서는 단연 선두를 달리는 나라다. 더 깊은 공부를 위해 외국 유학을 떠날 필요가 없다는 것은 영국 학생들이 누리는 큰 특권이다.

● **수준 높은 예술**

영국은 프랑스에 비해 미적 수준이 떨어질 것이라는 선입견의 피해자가 되곤 한다. 하지만 영국은 예술이 뒤떨어진 나라가 아니다. 특히 공연 예술 분야에서는 세계 최고 수준을 자랑한다. 영국은 연극과 뮤지컬의 나라. 런던의 웨스트 엔드는 뉴욕의 브로드웨이와 쌍벽을 이루는 공연 예술의 메카이며, 작품 수준은 오히려 더 높은 평가를 받는다. 난해하고 수준 높은 연극에서부터 대중성 높은 뮤지컬에 이르기까지 웨스트 엔드 무대에 오르는 공연의 스펙트럼은 매우 넓다. 이름이 좀 알려진 뮤지컬은 다 영국산이라 보면 틀림없다. 〈캣츠〉, 〈지저스 크라이스트 슈퍼스

공연 예술의 중심지 런던 웨스트 엔드

화려했던 어제와 안갯속의 미래, 영국

타〉, 〈오페라의 유령〉, 〈미스 사이공〉, 〈레미제라블〉, 〈맘마미아〉, 〈빌리 엘리어트〉 등등.

영국은 클래식 음악에서도 세계 최고 수준이다. 런던에만 세계 최고의 교향악단이 다섯 개(런던 필하모닉, 런던 심포니, 런던 로열, BBC 심포니, 필하모니아)나 있다. 런던 로열 오페라 극장의 오페라와 발레는 미국의 메트로폴리탄 가극장, 러시아의 볼쇼이 극장과 어깨를 견준다.

영국은 고급스러운 예술만 발달한 나라가 아니다. 록, 팝, 재즈 같은 대중음악에서 영국의 강세가 오히려 더 대단하다. 록이나 팝 음악 하면 미국의 빌보드 차트를 떠올리지만, 막상 빌보드 차트를 주름잡은 록, 팝 뮤지션들은 영국 출신이 대다수다. 비틀스, 롤링스톤스, 더 후, 데이비드 보위, 레드 제플린, 딥 퍼플, 퀸, 핑크 플로이드, 엘튼 존, 오아시스 등등 그 이름만 나열해도 책 한 권이다.

● 펍과 축구

영국 문화 중 세계에 가장 널리 퍼진 것은 셰익스피어의 연극이 아니라 펍과 축구일지도 모른다. 영국은 축구의 발상지이며 세계에서 가장 규모가 큰 축구 리그인 잉글랜드 프리미어리그를 운영하고 있다. 축구는 온 세계에 널리 보급되었으며 월드컵 축구 대회는 올림픽만큼이나 거대한 국제 이벤트가 되었다. 축구 말고도 영국에서 기원한 스포츠 종목은 무척 많다. 골프, 배드민턴, 탁구, 테니스, 권투가 모두 영국에서 비롯된 스포츠 종목이다. 이 정도로 자국 문화를 세계에 널리 퍼뜨린 사례는 또 찾기 어렵다.

그런데 영국인들이 스포츠 경기, 특히 축구를 가장 많이 보는 곳은 경기장이 아니다. 영국뿐 아니라 영국인들이 사는 곳이라면 반드시 있는 '펍'이다. 이것만큼은 구성국들 간의 차이가 없다. 펍은 간단한 요리와 맥주를 파는 공간이지만 술집이라고 단정 지을 수 없는 영국 서민들의 복합 문화 공간이다. 하루의 일과를 마치고 난 뒤 잠깐 들러 간단하게 요기도 하고, 맥주도 한두 잔 하고, 친구들과 담소도 즐기고, 당구나 다트 경기도 하고, 또 축구 경기도 보며 즐기는 곳이다.

영국의
역사

태초에 켈트족이 있었다

영국 역사의 출발점을 그레이트브리튼에 정치 집단이 형성되고 문명이 만들어진 때로 본다면 2,500년 전까지 거슬러 올라간다. 그 주인공은 켈트족이다. 켈트족은 동쪽으로는 폴란드 남부에서 서쪽으로는 스페인 일대까지 넓은 영역을 차지하고 있던 유럽의 선주민이다. 로마인들은 이들을 갈루스Gallus라고 불렀고, 이들이 가장 많이 거주하던 오늘날 프랑스 일대를 갈리아Galia라고 했다. 영국 일대에 거주하는 켈트족은 이들과 구별해서 브리타니아Britania, 즉 '몸에 그림을 그린 사람'이라 불렀다. 로마인들은 이들을 매우 두려워했는데, 몸집이 크고 힘이 셌을 뿐 아니라 군사

기술과 군사 조직력도 뛰어났기 때문이다. 하지만 학습의 귀재인 로마인들이 켈트족의 군사기술과 조직력을 익히고 난 뒤 켈트족은 도리어 로마에게 정복당하거나 점점 변방으로 밀려나고 말았다.

로마제국 속주 시대

켈트족을 유럽의 중심에서 몰아낸 로마의 장군이 바로 유명한 율리우스 카이사르다. 카이사르는 유럽의 알짜배기 땅인 프랑스, 벨기에 일대의 켈트족을 정복했다. 켈트족 잔당들(주로 벨가이족)은 그레이트브리튼으로 건너가 동족인 브리타니아인(이하 브리튼인)과 손을 잡고 저항했다. 카이사르는 이들을 소탕하기 위해 기원전 55년 2개 군단을 이끌고 상륙했지만 브리튼인의 끈질긴 공격에 시달리다 갈리아로 철수했다. 카이사르는 기후와 지형이 척박한 그레이트브리튼을 굳이 정복할 가치가 없다며 철수를 정당화했지만 사실상 포기하고 물러난 것에 가깝다.

아니나 다를까 정복할 가치가 없다던 땅에 무려 800여 척의 배에 기병대, 공병대까지 갖춘 대군이 다시 쳐들어왔다. 브리튼을 이끌던 네 왕국은 로마에게 복종과 조공을 약속하며 강화를 요청했다. 바다 건너에서 장기전을 하는 것이 부담스러웠던 카이사르 역시 이를 받아들였고, 브리튼은 로마 영향권 아래 들어갔다. 명목상으로는 네 왕국이 유지되었지만, 사실상 속국이었다. 이후 브리튼은 빠르게 로마화되었다. 로마 화폐가 통용되고, 로마식 생활양식이 보급되었고, 로마 사람과 결혼하는 브리튼인도 많았다. 켈트 고유어가 사라지고 라틴어가 널리 사용되기도 했다.

그런데 이렇게 브리튼이 로마화된 지 거의 100년 가까이 지난 서기 43년에 로마 군대가 다시 침공했다. 뜬금없는 침공이다. 브리튼의 왕국들은 이미 로마의 속국 아닌가? 이는 전쟁이 사라진 '팍스 로마나' 시대에 공을 세우기 어려워진 로마 장군들이 황제를 졸라 이루어진 원정이었다. 이미 조공을 바치고 있는 나라에 5만 명이나 되는 로마 군대가 침공했고, 저항할 의사가 없는 나라를 정복했다. 이로써 명목상의 왕국마저 폐지되고 브리튼은 로마제국 영토로 완전히 합병되었다.

다만 스코틀랜드 지방의 픽트족은 로마에 종속되기를 거부하고 거칠게 저항했다. 로마는 픽트족과의 경계에 하드리아누스 장벽을 세워 로마 영토인 브리튼과 그 외부를 가르는 경계로 삼았다. 로마 영토가 된 브리튼에는 로마인의 농장과 도시들이 세워졌다. 그중 가장 번성한 도시는 론디니움Londinium, 즉 오늘날의 런던이다. 그 밖에 맨체스터, 윈체스터 등 이름에 체스터chester가 들어가는 도시들이 당시 로마인들이 세운 도시다. 브리튼인은 로마인이 되었고, 켈트어 대신 라틴어를 일상적인 언어로 사용했다.

게르만족의 이동

이후 300년간 브리튼은 로마제국의 일원으로 평화를 누렸다. 그런데 5세기에 들어 로마제국은 잇따른 내전, 반란, 그리고 게르만족의 침공으로 만성적인 병력 부족에 시달렸다. 결국 로마제국은 브리튼을 영토에서 제외하고 철수해 버렸다. 로마라는 우산이 사라진 그레이트브리튼은 즉

위: 하드리아누스 장벽
아래: 영국 바스에 남아 있는 로마 유적

시 게르만족의 침략을 받았다. 이 중 가장 많이 침략한 게르만족은 유트족, 앵글족, 색슨족이다. 이들은 처음에는 해안 지방을 약탈하다, 나중에는 영토를 빼앗아 정착했다. 브리튼인은 섬의 서쪽 웨일스, 콘월 지방으로 밀려나고 말았다. 이리하여 오늘날의 잉글랜드 지방에는 유트족, 앵글족, 색슨족이 세운 게르만족 7왕국이 세워지고 콘월, 웨일스, 스코틀랜드 지역에는 켈트족의 나라가 세워졌다.

브리튼을 빼앗은 게르만족 중 가장 강성했던 부족은 색슨족, 그다음이 앵글로족이다. 그래서 오늘날 잉글랜드인을 앵글로·색슨족이라 부른다. 그레이트브리튼은 앵글로·색슨족의 땅이 되었다. 서쪽으로 밀려난 브리튼인은 끝까지 저항하며 언젠가는 게르만족을 몰아낼 것이라는 희망을 버리지 않았다.

앨프레드 대왕과 잉글랜드의 탄생, 웨섹스 왕조

앵글로·색슨족이 세운 7왕국과 그 밖의 여러 소국은 마치 중국의 전국시대처럼 300년간 서로 세력을 다투었다. 처음에는 머시아 왕국이 주도권을 잡았지만, 결국 색슨족의 웨섹스 왕국이 가장 강한 나라가 되었고, 웨섹스의 앨프레드 대왕이 이들을 통일해서 잉글랜드 왕국의 기초를 세웠다.

앨프레드의 생애는 순탄하지 않았다. 그가 왕위에 오를 무렵 앵글로·색슨족은 바이킹의 한 갈래인 데인족(덴마크인)의 침략에 시달리고 있었다. 바이킹은 북유럽에 거주하고 있던 여러 부족을 통칭하는 명칭인

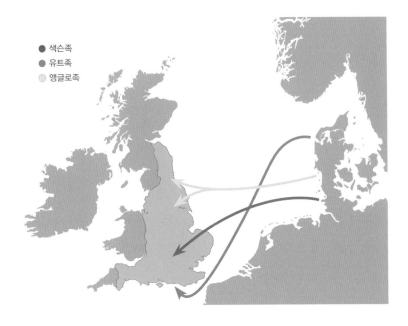

● 색슨족
● 유트족
● 앵글로족

노섬브리아

머시아

이스트 앵글리아

에식스

웨섹스   서식스 켄트

위: 게르만족의 그레이트브리튼 침략
아래: 게르만족이 세운 7왕국

데, 호전적이고 전투력이 뛰어나고 철기 기술이 우수했기 때문에 공포의 대상이었다. 데인족은 처음에는 주로 약탈을 하다, 9세기부터 영토를 빼앗기 시작했다. 7왕국은 단결하지 못하고 뿔뿔이 흩어져 싸우다 각개격파당했다. 결국 56쪽 지도(위)와 같이 그레이트브리튼에서 앵글로·색슨족의 영토(붉은색)는 거의 남지 않았고, 데인족(파란색)에게 런던, 도버, 캔터베리 등 중요한 도시들이 다 넘어갔다. 앨프레드 대왕은 이런 상황에서 즉위하여 바이킹을 피해 도망 다니는 것이 거의 일상일 정도로 비참한 생활을 했다. 하지만 앨프레드는 이 와중에 뿔뿔이 흩어진 왕들과 영주들을 설득하고, 한때 7왕국 중 가장 큰 나라였으나 데인족에게 영토를 거의 다 빼앗긴 머시아 왕국의 여왕과 결혼하는 등 정치력을 발휘했다. 그 덕분에 7왕국의 후예들과 귀족들이 앨프레드를 중심으로 뭉쳤다. 앨프레드는 얼마 남지 않은 영토를 요새화하고 새로 모인 세력을 상비군으로 편성하여 훈련하면서 힘을 키웠다. 앨프레드의 이런 노력이 아니었으면 잉글랜드는 덴마크의 한 부분이 되었을지도 모른다.

878년, 마침내 복수의 시간이 왔다. 앨프레드는 에딩턴에서 데인족 왕 구스룸Guthrum을 격파한 것을 시작으로 잃어버린 영토를 하나하나 회복했고, 886년에는 런던을 되찾았다. 이후 서로 싸움에 지친 웨섹스 왕국과 데인족은 런던을 경계로 서쪽은 웨섹스 왕국이, 동쪽은 데인족이 차지하는 조건으로 휴전 협정을 맺었다. 비록 빼앗긴 땅을 절반 정도만 되찾았지만, 멸망 직전까지 갔던 앵글로·색슨족 처지를 생각해 보면 기적적인 승리다. 하지만 앨프레드를 대왕이라 부르는 까닭은 그다음에 한 일 때문이다.

데인족의 그레이트브리튼 침략(위)과
앨프레드 대왕의 영토 회복(아래)

그는 넓어진 영토를 10여 개 주shire(오늘날에도 영국에는 '~셔'라는 지명이 많이 남아 있다)로 나눈 뒤 각각 행정과 치안을 담당하는 주 장관sheriff('보안관'의 어원)을 파견하여 다스리게 했다. 다른 유럽 국가들보다 수백 년 앞서 봉건제를 넘어 중앙집권제를 실시한 것이다. 또 앨프레드 대왕은 앵글로·색슨족의 표준어, 표준 문법을 정비하고 오늘날 우리가 영어라고 부르는 말을 만들었다. 영어를 만들었을 뿐 아니라 적극 활용해서 그리스어, 라틴어로 쓰인 각종 고전들을 영어로 번역해 보급하고, 각종 공문서와 기록을 영어로 작성하게 함으로써 여러 앵글로·색슨족을 하나의 문화를 가진 민족으로 만들었다. 앨프레드는 멸망당하기 직전의 민족을 구했다는 점에서는 잉글랜드의 을지문덕이며, 뿔뿔이 흩어진 민족을 정치적으로 통합했다는 점에서는 잉글랜드의 왕건이고, 민족의 언어와 문화를 집대성하고 발전시켰다는 점에서는 잉글랜드의 세종대왕이다.

하지만 앨프레드 대왕은 공식적으로는 웨섹스 왕일 뿐 잉글랜드의 왕은 아니었다. 그의 권력이 미치는 범위는 잉글랜드의 절반에 불과했고, 그나마 그중 머시아 왕국은 아내의 나라였다. 앨프레드 대왕이 죽은 뒤 웨섹스 왕위는 아들인 에드워드, 머시아 왕위는 딸인 애설플래드에게 계승되었다.

에드워드는 왕위에 오르자마자 사촌 형 애설월드의 반란을 진압해야 했다. 그런데 애설월드는 동쪽의 데인족을 끌어들였다. 에드워드는 애설월드는 물론 데인족의 왕 구스룸 2세도 한꺼번에 격파하고 내친김에 데인족을 잉글랜드에서 완전히 축출했다. 그리고 누나 애설플래드가 세상을 떠나자 조카 앨프윈의 왕위도 빼앗아서 웨섹스, 머시아, 동앵글리아,

노섬브리아의 왕이 되었고, 에드워드의 뒤를 이은 애설스탠이 이것들을 하나로 합쳐서 잉글랜드 왕국을 세웠다(924). 애설스탠은 할아버지의 정책을 계승해 웨섹스 왕국의 몇 배나 넓어진 잉글랜드를 중앙집권화했고, 지방의 귀족과 성직자를 국왕이 소집하는 회의에 정기적으로 참석하도록 함으로써 의회의 원형을 만들었다. 외교에도 힘을 쏟아 프랑스, 신성 로마제국 등과 혼인 동맹을 맺는 등 유럽 내 동맹국을 늘려 나갔다. 당시 중앙집권에 성공한 웨섹스 왕조는 유럽 여러 나라 왕실의 모델이 되었다.

바이킹의 침략과 노르만 왕조의 성립

잉글랜드 왕국의 평화는 에드거 1세 때 절정에 이르렀다. 에드거 1세는 '평화왕'이라는 영광스러운 별칭으로 일컬어지며 잉글랜드 왕국의 전성기를 구가했다. 그러나 에드거 1세의 아들 애설레드 2세 시절 잉글랜드에 대한 미련을 버리지 않고 있던 덴마크의 왕 스벤 1세가 쳐들어왔다. 이 전쟁은 두 나라의 왕위가 애설레드 2세에게서 에드먼드 2세, 스벤 1세에게서 하랄 2세에게 넘어가도록 계속되었다. 하지만 에드먼드 2세가 세상을 떠나자 균형이 덴마크로 기울었다. 하랄 2세의 동생 크누트가 다시 공격해 오자 에드먼드 2세의 아들 에드워드는 멀리 헝가리로 도망가 버렸다. 이렇게 잉글랜드는 덴마크의 지배를 받게 되었다.

크누트는 하랄 2세가 죽자 잉글랜드, 덴마크, 노르웨이, 스웨덴, 스코틀랜드, 웨일스 등 북해를 중심으로 하는 대제국의 통치자(잉글랜드의 크누트 대왕이자 덴마크의 크누트 2세)가 되었다. 크누트 대왕은 애설레드 2세의 두 번째 왕비였던 노르망디의 엠마를 왕비로 맞아 둘 사이에서 하르다크누트를 낳았다. 그러자 엠마와 애설레드 2세의 아들 에드워드(헝가리로 도망간 에드워드가 아님)는 생명의 위협을 느끼고 외가인 노르망디로 탈출했다. 영국인들은 노르망디로 간 에드워드를 '참회왕 에드워드', 헝가리로 간 에드워드를 '망명자 에드워드'라 부르며 구별했다.

노르망디는 프랑스 북쪽에 뿔 모양으로 튀어나와 있는 반도로 바이킹의 약탈에 시달리던 프랑스 왕이 아예 바이킹에게 땅을 주고 공작으로 임명한 곳이다. 따라서 노르망디 공작은 명목상 프랑스 왕의 신하지만 사실상 바이킹 자치국의 군주나 다름없었다. 하지만 세월이 지나면서 문화적으로는 프랑스에 동화되어 프랑스어를 사용하고 프랑스식으로 살았다. 단 전투력만큼은 바이킹이었다. 그런데 노르망디에 있던 참회왕 에드워드에게 뜻밖의 소식이 전해져 왔다. 잉글랜드 왕인 크누트 3세(하르다크누트)가 그를 왕위 계승권자로 지명한 것이다. 그리고 얼마 지나지 않아 크누트 3세가 죽고 에드워드가 왕위에 오름으로써 잉글랜드는 덴마크 왕조에서 다시 앵글로·색슨 왕조로 돌아왔다.

에드워드의 권력 기반은 허약했다. 잉글랜드는 남서쪽의 앵글로·색슨 귀족들, 북동쪽의 덴마크 귀족들의 동맹에 가까웠다. 에드워드는 색슨 귀족 대표자인 고드윈 가문의 이디스를 왕비로 맞이했고, 고드윈 가문의 수장인 웨섹스 백작 해럴드가 사실상 왕과 같은 권력을 휘둘렀다. 에드워드는 정치를 포기하고 신앙생활에만 몰두했다. 그러던 중 참회왕이 후계자 없이 세상을 떠났다. 헝가리에 있던 망명자 에드워드의 아들에드거가 가장 유력한 계승자였다. 하지만 웨섹스 백작 해럴드는 앵글로·

색슨 귀족들의 지지를 받아 스스로 왕위에 올라 해럴드 2세가 되었다. 하지만 정통성이 부족한 해럴드 2세가 왕위에 오르자 노르웨이 왕 하랄 3세, 노르망디 공작 기욤이 저마다 잉글랜드의 왕위를 요구하며 바다를 건너 쳐들어왔다.

하랄 3세도 기욤도 잉글랜드 왕위를 요구할 뚜렷한 명분은 없었다. 하지만 해럴드 2세도 명분 없기는 마찬가지니 싸움으로 결판날 수밖에 없었다. 해럴드 2세는 용감하고 유능한 장군이었지만 남북에서 동시에 두 적을 맞아 싸울 수는 없었다. 북쪽에서 노르웨이 군대를 격파했지만, 바로 남쪽으로 수백 킬로미터를 강행군해서 노르망디 군대와 맞서야 했다. 결국 해럴드 2세는 헤이스팅스 전투에서 전사하고 영국의 주인은 켈트, 로마, 앵글로·색슨, 덴마크에 이어 노르망디로 바뀌었다(1066).

이로써 노르망디 공작 기욤이 잉글랜드 국왕 윌리엄 1세가 되었고, 웨섹스 왕조가 막을 내리고 노르만 왕조가 열렸다. 한편 웨섹스 왕조의 정통 후계자 에드거는 스코틀랜드로 도주했다. 스코틀랜드 왕 맬컴 2세는 윌리엄 1세의 팽창에 위협을 느꼈기 때문에 에드거의 누이 마거릿과 결혼하는 등 웨섹스 왕가 잔존 세력을 적극적으로 흡수했다.

윌리엄 1세 역시 스코틀랜드와 싸울 생각이 없었기에 아들 헨리 1세를 맬컴 2세의 딸 마틸다와 결혼시켜 우호 관계를 맺었다. 그런데 윌리엄 1세의 뒤를 이어 잉글랜드 왕이 된 헨리 1세와 마틸다 사이에는 딸 마틸다 외의 자녀가 없었다. 헨리 1세의 딸 마틸다는 신성로마제국의 황후로 있다가 황제 서거 뒤, 앙주 백작 조프루아 플랑타주네(영어로는 제프리 플랜태저넷)와 재혼했다.

헨리 1세가 딸 마틸다를 후계자로 지명한 뒤 세상을 떠나자 귀족들이 반감을 드러냈다. 여자를 국왕으로 모실 수는 없다는 것이다. 그러자 헨리 1세의 조카 스티븐이 이를 이용해 왕위를 가로챘다. 그러나 마틸다는 만만한 여성이 아니었고, 남편이 속한 앙주 가문은 프랑스에서 가장 힘센 가문이었다. 마틸다는 잉글랜드 지지 세력에 남편의 군대를 더해 반격했고, 1141년 스티븐을 포로로 잡고 잉글랜드의 통치자가 되었다. 영국 최초의 여왕이다. 하지만 귀족들은 여왕이라는 말을 쓰지 않으려고 '잉글랜드의 레이디'라 불렀다. 마틸다는 그럴 바에는 차라리 자신을 황후라 부르라 명했다.

그런데 스티븐의 아내 역시 이름이 마틸다였는데, 이종사촌인 황후 마틸다 못지않게 괄괄한 여성이었다. 이 마틸다가 군사를 일으켜 황후 마틸다를 격파하고 스티븐을 구출했다. 이후 잉글랜드는 두 마틸다의 내전으로 엉망이 되었다. 결국 황후 마틸다가 밀리면서 프랑스로 도주했고, 한동안 스티븐 왕의 치세(사실상 마틸다 왕비의 치세)가 이어졌다.

영국 왕과 프랑스 제후, 둘 다 꿈꿨던 플랜태저넷 왕조

스티븐 왕의 왕비 마틸다의 권력은 오래가지 못했다. 황후 마틸다와 제프리 플랜태저넷 사이에서 태어난 헨리 2세가 힘을 키운 것이다. 헨리 2세는 아버지로부터 앙주 백작령, 어머니로부터 노르망디 공작령을 물려받은 뒤 아키텐의 엘레오노르와 결혼하면서 드넓은 아키텐 공작령까지 얻어 프랑스 영토 절반의 주인이 되었다. 이 힘을 바탕으로 스티븐을 압박하자 스티븐은 헨리 2세를 공동 국왕으로 인정해야 했다. 이후 스티븐 왕이 죽고 헨리 2세가 단독으로 잉글랜드 국왕이 되었다. 이때부터 플랜태저넷 왕조가 열린다.

문제는 헨리 2세와 그 아들들이 자신을 잉글랜드인이 아니라 프랑스인이라 생각했다는 것이다. 이들은 프랑스 최고 명문 가문인 앙주 가문의 계승자이며, 영어도 제대로 못했다. 이들의 관심사는 잉글랜드가 아니라 프랑스에서의 영토 확장이었다. 인구로 보나 생산성으로 보나 프랑스 땅이 잉글랜드보다 몇 곱절 가치 있었으니 당연한 일이기도 했다.

그럼 프랑스에 계속 살지 왜 잉글랜드 왕이 되었을까? 프랑스에서 영토를 넓히기 위해 잉글랜드 국왕 타이틀이 필요했기 때문이다. 노르망디 공작, 아키텐 공작, 앙주 백작 등의 작위를 줄줄이 꿰고 있어도 결국 프랑스 왕의 신하에 불과하다. 그런데 잉글랜드 왕관을 하나 보태면 프랑스 왕과 대등한 자격이 된다.

특히 헨리 2세의 아들인 일명 '사자왕' 리처드 1세는 영토 확장에 적극적으로 나서 잉글랜드 국왕, 노르망디 공작, 아키텐 공작, 가스코뉴 공작, 푸아티에 백작, 앙주 백작, 멘 백작, 낭트 백작, 아일랜드 군주라는 타이틀을 주렁주렁 가지게 되었다. 이 시대를 '앙주 제국 시대'라 부른다. 이걸 프랑스에 영국 영토가 많은 것으로 이해하면 안 된다. 다만 영국과 프랑스에 걸쳐 앙주 가문의 영토가 많은 것이다. 그러니 이는 잉글랜드 백성들에게 별로 좋은 일이 아니었다. 리처드 1세는 잉글랜드에 거의 관심이 없었고, 프랑스 내 영토의 확대, 그리고 십자군 전쟁에만 관심이 있었다. 잉글랜드에 머무르는 날도 많지 않았다.

앙주 제국 시대 잉글랜드의 영토

리처드 1세는 왕이라기보다는 군인으로 유명했다. 3차 십자군 전쟁에서 맹활약했고, 프랑스 지배권을 놓고 프랑스 왕 필리프 2세와 싸워 파리를 함락 직전까지 몰고 가는 등 혁혁한 전과를 올렸다. 하지만 자신이 왕으로 있는 잉글랜드에는 전쟁 비용 충당을 위해 높은 세금을 매기는 등 오히려 백성과 귀족의 불만을 샀다. 그의 카리스마와 군사적 위력 때문에 불만이 겉으로 드러나지 않았을 뿐이다. 그런데 리처드 1세가 전투 중에 화살에 맞은 상처가 덧나 사망하고, 그 동생인 존 왕이 등극하자 그동안 눌려 왔던 불만이 폭발했다.

존 왕은 형이 사자왕이라 칭송된 것과 반대로 '땅 잃어버린 왕'이라는 별칭으로 불렸다. 그는 무능할 뿐 아니라 잔인했다. 형이 확보해 둔 동맹 세력들을 모조리 적으로 돌렸고, 프랑스 왕 필리프 2세와 싸우는 족족 패해 프랑스 내 영토를 깡그리 상실하고 말았다. 66쪽 왼쪽 지도의 붉은색 지역이 리처드 1세가 지배했던 프랑스 내 영토인데, 존 왕은 재위 기간 동안 어머니의 영토인 아키텐만 빼고 심지어 왕조의 뿌리인 노르망디와 앙주까지 날려 버렸다. 그야말로 '실지失地왕'이다.

그래도 미련을 못 버린 존 왕은 세금을 엄청나게 걷어 그 돈으로 동맹국을 매수한 뒤 프랑스를 침공했다. 하지만 이 전쟁에서 또 참패하고 말았고, 동맹국에게 지불할 돈에 프랑스에 지불할 배상금까지 더해졌다. 또 세금을 걷어 이 비용을 충당하려 하자 화가 난 잉글랜드 귀족들은 대표를 뽑아 왕에게 보내 더 이상 세금을 내지 못하겠다며 항의했다. 존 왕은 여기에 굴복할 수밖에 없었고, 이들이 제시한 조건을 문서로 만들어 조인해야 했다(1215).

이 문서가 바로 '대헌장Magna Carta'이다. 이때부터 잉글랜드에는 왕이 일방적으로 권력을 행사할 수 없고 국민과 합의한 만큼의 권력만 행사해야 한다는 사회계약론의 정신이 확산되었다. 또한 자문기관에 불과했던 의회의 권한이 확대되어 재정 지출이 필요한 정책은 의회의 동의를 얻어야 하는 관행이 정착되었다. 하지만 이때의 의회는 오늘날과 같이 보통선거로 선출된 의원이 아니라 귀족과 성직자의 대표들로 구성되어 있었고, 의원도 선거가 아니라 기존 의원들의 추천과 동의로 선출되었다.

존은 영국에서 가장 흔한 이름이다. 그런데 '존'이라는 이름을 쓴 왕은 오직 이 한 사람뿐이다. 이후 어떤 왕도 그 이름을 쓰지 않았다. '헨리'가 8명이나 되는 것과 상반된다. '존 2세'는 앞으로도 나올 가능성이 없을 정도로 영국인은 존 왕을 싫어한다.

스코틀랜드의 정복과 독립

존 왕의 손자 에드워드 1세는 할아버지가 망친 나라를 되살리는 데 온 힘을 다했다. 의회와 원만하게 협력하고, 노르만족과 앵글로·색슨족을 골고루 의회에 참석시켜 나라의 통합을 꾀했다. 프랑스어를 사용하던 왕족과 귀족들에게 영어를 사용하도록 강제하고, 법치주의를 도입하는 등 플랜태저넷 왕가가 프랑스에서 건너온 정복자가 아니라 잉글랜드의 왕임을 강조했다.

앵글로·색슨족의 지지를 얻은 에드워드 1세는 프랑스에서 상실한 영토를 스코틀랜드와 웨일스 정복으로 보충했다. 1296년 스코틀랜드를 무

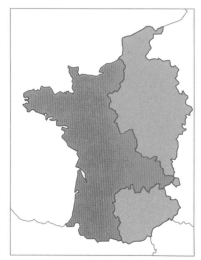

위: '실지왕' 존 왕 재위 이전(왼쪽)과 이후(오른쪽) 프랑스 내 잉글랜드의 영토
아래: 대헌장에 서명하는 존 왕

력으로 합병한 에드워드 1세는 스코틀랜드 왕실의 상징인 '운명의 돌'과 검은 십자가를 빼앗아 런던으로 가지고 왔고, 그 위에 잉글랜드 왕의 옥좌를 세워서 깔고 앉는 만행을 저질렀다.

수많은 스코틀랜드인들이 이 치욕을 씻기 위해 저항하다 잔혹하게 학살당했다. 이 저항을 소재로 한 영화가 바로 〈브레이브 하트〉다. 스코틀랜드인의 저항은 끈질겼다. 이들은 로버트 브루스의 지휘 아래 에드워드 1세와 그 아들 에드워드 2세에게 저항했고, 마침내 배넉번 전투에서 잉글랜드군을 크게 격파했다(1314). 결국 스코틀랜드 왕국은 독립을 되찾았고, 로버트 브루스가 로버트 1세로 즉위했다. 이후 스코틀랜드는 오늘날까지 잉글랜드와 대등한 지위를 유지하고 있다.

100년 전쟁으로 프랑스와 갈라서다

영국과 프랑스는 유럽의 대표적인 앙숙이다. 국민들도 서로 좋아하지 않는다. 언제부터 이렇게 앙숙이 되었을까? 바로 1337년 5월 24일부터 1453년 10월 19일까지 벌어졌던 '100년 전쟁'부터다.

이 전쟁의 표면적 이유는 잉글랜드 왕 에드워드 3세가 프랑스 왕위를 요구한 것이다. 에드워드 3세는 프랑스 왕 샤를 4세의 조카(어머니가 샤를 4세의 누이동생)였고, 샤를 4세가 자녀 없이 세상을 떠났으니 명분이 아주 없지는 않았다. 하지만 에드워드 3세보다 샤를 4세의 사촌인 필리프 6세가 더 정통성 있는 계승자였고, 에드워드 3세도 그 사실을 알고 있었다. 그러니 프랑스 왕위 요구는 대외적인 명분이고 실제 목적은 이 기회에 프랑스 내 영토를 넓히려는 것이었다. 에드워드 3세는 1337년에 바다를 건너 자신을 프랑스 국왕으로 선포하고 프랑스를 공격했다.

이후 이 전쟁은 전투와 휴전을 반복하며 이어졌다. 100년 전쟁을 한마디로 요약하면 잉글랜드가 줄곧 이기고 있다가 마지막 한 판에 뒤집어진 전쟁이다. 그런데 전쟁 초기 두 나라의 국력 차이를 보면 잉글랜드가 이기고 있었던 것이 신기하다. 인구로 보나 경제력으로 보나 프랑스가 잉글랜드의 네 배 이상이었기 때문이다.

프랑스는 잉글랜드가 가난하다는 것을 알고 있었기 때문에 장기전을 유도하면서 보급이 떨어지기를 기다렸다. 그러자 잉글랜드군이 약탈을 통해 보급을 해결했기 때문에 결국 프랑스의 손해가 되었다. 더구나 잉글랜드군에는 전통적인 기사보다 중하층 출신의 용병이 많았다. 이들은 기사도나 명예 따위에는 관심이 없었고, 약탈을 일종의 수익 사업으로 생각했다. 잉글랜드군은 프랑스 마을들을 악랄하게 약탈했다. 참을 수 없게 된 프랑스군은 1346년 8월 26일 크레시에서 잉글랜드군과 대규모 전투로 단숨에 승부를 내려 했지만 도리어 1만 명이 넘는 사상자를 내고 국왕 필리프 6세의 동생을 포함해 11명의 제후가 전사하는 치명적인 피해를 입었다. 승기를 잡은 잉글랜드는 프랑스 북부를 거의 다 차지했다. 이 와중에 필리프 6세가 사망하고 장 2세가 즉위했다. 당시 잉글랜드군 최고의 장수는 에드워드 3세의 아들인 흑태자 에드워드였다. 흑태자는 전투력, 전략, 지휘력 등을 완비한 공포의 대상이었다. 그는 1856년 9월 19일, 푸아티에에서 잉글랜드군보다 세 배 이상 많은 프랑스군을 격파하고 프랑스 왕 장 2세마저 포로로 잡아 버렸다.

결국 프랑스는 잉글랜드에게 아키텐, 칼레, 퐁티외, 푸아투의 영토를 보장해 주는 대신 에드워드 3세가 더 이상 프랑스 왕위를 요구하지 않는다는 조건으로 휴전을 요청했다. 에드워드 3세는 원래 목표를 완벽하게 달성했기에 흔쾌히 휴전에 응했다(브리타니 조약). 하지만 평화는 얼마 가지 않았다. 프랑스가 두려워하던 흑태자 에드워드가 사망한 것이다. 프랑스는 이 틈을 노려 반격했다. 불리해진 잉글랜드는 전쟁 비용을 마련하기 위해 세금을 올렸는데, 그러자 분노한 평민들이 대규모 반란(와트 타일러의 난)을 일으켰다. 반란은 간신히 진압했지만 이번에는 왕족들 간의 다툼이 일어났다. 플랜태저넷 왕조의 두 왕자 요크 공작과 랭커스터 공작이 충돌했다. 결국 랭커스터 공작 헨리 4세가 흑태자의 아들인 리처드 2세를 몰아내고 왕위에 올랐다.

하지만 프랑스는 영국의 내분을 이용하지 못했다. 국왕 샤를 6세가 정신병 발작을 일으키는 등 건강 상태가 엉망이었다. 정신이 온전치 못한 국왕을 대신할 섭정 자리를 놓고 귀족들이 부르고뉴 공작파와 오를레앙 공작파로 갈라져 싸우기 시작했다. 도리어 프랑스의 내전이 영국 내전보다 더 오래가서, 영국의 헨리 4세는 물론 그 아들 헨리 5세가 등극할 때까지도 끝나지 않았다. 헨리 5세는 이를 이용해 노르망디에 상륙하고, 이를 저지하기 위해 출동한 프랑스군을 궤멸시켰다. 이 전투가 프랑스 역사상 가장 처참한 패전 중 하나로 기록된 '아쟁쿠르 전투'다. 마침내 파리에 입성한 헨리 5세는 프랑스에게 치욕적인 조건을 내세우며 강화를 요구했다.

❶ 샤를 6세의 딸을 헨리 5세의 왕비로 삼을 것

❷ 샤를 6세가 죽으면 왕위를 태자가 아니라 사위인 헨리 5세에게 계승할 것

말이 좋아 강화조약이지 사실상 항복 요구다. 헨리 5세는 당장 샤를 6세를 몰아내고 프랑스 왕관을 빼앗는 것보다는 프랑스 국민의 반감을 고려해 자연스럽게 자신에게 프랑스 왕위가 돌아오도록 판을 짠 것이다. 프랑스의 멀쩡한 태자 샤를 7세가 폐위되고 헨리 5세가 프랑스 왕위 계승권자가 되었다. 당시 헨리 5세는 27살의 강인한 무장이었고, 샤를 6세는 몸이 약한 노인이었으니 헨리 5세가 프랑스를 접수한 것이나 마찬가지였다. 그런데 세상 일은 아무도 모른다. 젊음을 과시하던 헨리 5세가 샤를 6세보다 먼저 죽었다. 그 뒤를 이은 헨리 6세는 겨우 9개월짜리 젖먹이였다. 샤를 6세는 마치 버티기라도 한 듯 헨리 5세가 죽자마자 사망했다.

문제가 복잡해졌다. 샤를 7세는 헨리 5세가 사망했으니 자신이 다시 태자 자격을 되찾았다고 주장했다. 아기 헨리 6세 대신 정권을 잡은 잉글랜드의 섭정 랭커스터 공작 베드퍼드 존은 헨리 5세의 프랑스 왕위 계승권이 그 아들 헨리 6세에게 넘어갔다고 주장하고 군대까지 파견했다. 잉글랜드군은 파죽지세로 남진을 계속해 마침내 샤를 7세의 마지막 근거지인 오를레앙을 포위했다. 프랑스는 완전히 멸망 직전이 되었다.

이때 잔 다르크가 등장했다. 오를레앙의 소녀 잔 다르크를 앞세운 프랑스군은 갑자기 용기백배해서 잉글랜드군을 격파했다(1429). 한 달 만

에 잔 다르크가 랭스를 탈환했고, 랭스 대성당에서 샤를 7세의 대관식을 정식으로 치렀다. 이후 프랑스는 완전히 승기를 잡아 1436년에는 파리, 1441년에는 상파뉴를 탈환하고, 1453년에는 칼레를 제외한 프랑스 내 잉글랜드 영토를 모두 되찾았다. 영국은 이 전쟁을 통해 오늘날과 같은 섬나라로 확정되었다. 또 잉글랜드와 프랑스 왕실이 한집안이라 모호했던 두 나라의 경계가 확실히 그어졌다.

장미전쟁과 튜더 왕조

100년 전쟁이 끝났지만 잉글랜드에 평화는 오지 않았다. 플랜태저넷 왕조의 두 세력인 요크 가문과 랭커스터 가문이 다시 격돌했다. 요크 가문은 에드워드 3세의 4남인 요크 공작 에드먼드의 후손이며, 랭커스터 가문은 3남인 랭커스터 공작 곤트의 존의 후손이다. 따라서 헨리 4세가 리처드 2세를 몰아내고 랭커스터 왕조를 연 것은 고려가 조선이 된 것보다는 중종반정, 인조반정 같은 일에 더 가깝다.

랭커스터 왕조는 헨리 4세, 헨리 5세가 모두 정치력이 있었기 때문에 꽤 안정적이었고, 100년 전쟁에서의 큰 승리로 인기도 많았다. 하지만 헨리 6세 때 100년 전쟁 중 여러 전투에서 최종적으로 패배하면서 위기를 맞이했다. 헨리 6세는 정신병까지 있어서 통치가 어려울 정도였다.

흑태자 쪽은 대가 끊겼고, 클래런스 공작 쪽도 아들 없이 딸만 남았다. 헨리 6세가 통치가 어려운 상태라면 1대 요크 공작의 후손이며 모계로 클래런스 공작과 연결되는 요크 공작 리처드가 왕실 어른으로서 섭정하는 것이 당연했다. 하지만 리처드는 섭정에 그치지 않고 헨리 6세를 몰아내고 스스로 왕이 되려 했다. 이로써 요크 가문과 랭커스터 가문의 내전이 시작되었다. 두 집안 모두 잉글랜드 왕실의 상징인 장미를 문장으로 사용했기 때문에(요크 가문은 백장미, 랭커스터 가문은 흑장미) 이 전쟁을 '장미전쟁'이라 부른다(1455).

먼저 공격을 시작한 요크 가문의 리처드가 랭커스터 가문을 격파하고 단숨에 헨리 6세를 생포하며 기세를 올렸다. 그런데 헨리 6세의 아내 마거릿 왕비가 대단한 여걸이었다. 마거릿은 헨리 6세가 감금당하는 와중에도 아들 웨스트민스터의 에드워드를 데리고 탈출에 성공한 뒤 세력을 모아 런던을 탈환하고 감금되어 있던 헨리 6세를 구출해서 다시 왕위에 앉혔다. 패배한 리처드는 아일랜드로 탈출했다.

하지만 요크 가문 역시 아일랜드, 칼레 등에서 세력을 다시 키운 뒤 이듬해 잉글랜드에 상륙해 랭커스터 가문을 격파했다. 헨리 6세는 또 포로가 되었고, 마거릿은 웨일스로 탈출했다. 이듬해 마거릿이 웨일스와 스코틀랜드에서 다시 힘을 길러 와서 웨이크필드에서 요크 군대를 격파한 뒤 리처드까지 죽이고 그 목을 베어 성문에 걸었다. 그러나 리처드의 아들인 마치 백작 에드워드가 마거릿을 무찌른 뒤 스스로 에드워드 4세로 왕위에 올랐다. 헨리 6세는 이번에는 생포당하지 않고 마거릿과 아들 웨스트민스터의 에드워드와 함께 프랑스로 탈출했다.

10년 뒤 랭커스터 가문이 또 힘을 길러서 요크 가문을 무찔렀고 헨리 6세가 다시 왕위에 올랐다. 에드워드 4세와 그의 동생 글로스터 공작 리처드는 부르고뉴로 탈출했다가 1년 만에 다시 잉글랜드에 상륙했다.

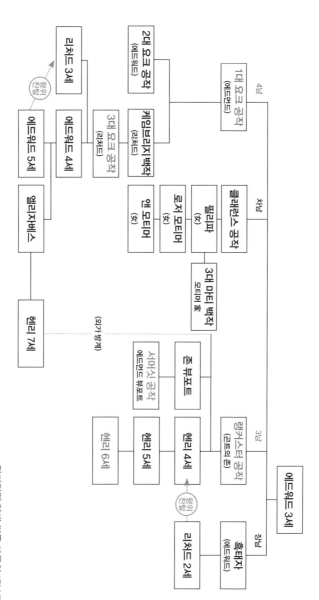

장미전쟁 양대 귀족 가문의 계보도

이번에는 요크 가문이 승리했다. 웨스트민스터의 에드워드는 전사하고 헨리 6세는 또 포로가 되었다. 마거릿은 프랑스 왕의 개입으로 석방되어 프랑스에서 여생을 보냈다.

이후 10여 년간 그럭저럭 평화로운 시대가 이어졌지만 에드워드 4세가 병사하고 어린 에드워드 5세가 등극하면서 비극이 시작되었다. 섭정인 글로스터 공작 리처드가 왕위를 찬탈하고 리처드 3세 국왕으로 등극한 것이다. 비슷한 시기 조선에서 수양대군이 단종의 왕위를 찬탈한 계유정난을 연상시킨다. 리처드 3세는 조카인 에드워드 5세와 그 동생 리처드를 런던 탑에 감금하고 그들의 누나인 엘리자베스 공주를 평민으로 강등해 추방했다. 이 가혹한 조치는 요크 가문의 친족들까지 등을 돌리게 만들어 요크 가문과 랭커스터 가문이 리처드 3세에 맞서기 위해 연합하는 기적 같은 일이 일어났다.

이 연합은 랭커스터 가문의 지도자인 헨리 튜더가 리처드 3세에게 추방당한 엘리자베스 공주와 결혼함으로써 성사되었다. 마침내 헨리 튜더가 연합군을 이끌고 보즈워스 전투에서 리처드 3세를 죽이고 헨리 7세로서 왕위에 오르면서 이 길고 복잡한 장미전쟁의 막이 내렸다(1475). 두 집안의 30년 내전의 승리자는 엉뚱하게 랭커스터도 요크도 아닌 튜더 왕조였다. 죽은 사람들에게는 딱한 일이지만, 이 전쟁은 영국 역사 전체로 보면 전화위복의 결과를 가져왔다.

첫째, 튜더 왕조는 이전의 어떤 왕조보다 강력한 중앙집권 국가를 만들 수 있었다. 100년 전쟁에 이어 다시 30년간 내전이 이어지면서 유력한 귀족과 기사가 대부분 사망하거나 몰락했기 때문이다. 귀족의 70%

가 죽었다는 설이 있을 정도였다.

둘째, 의회정치가 자리 잡았다. 전쟁에는 엄청나게 많은 돈이 필요하며, 이 돈을 마련하려면 국왕이 귀족뿐 아니라 상공업자나 부유한 농민 등 평민의 지지를 끌어내야 했다. 이는 잉글랜드 의회에서 평민의 발언권을 높게 만들었으며 결국 평민원House of Common이 따로 떨어져 나와(1334) 오늘날의 하원 의회가 되었다. 이후 귀족원은 점점 약해지고 평민원의 힘이 점점 강해지면서 의회 민주주의가 발전하기 시작했다.

셋째, 잉글랜드가 해양 국가로 변모했다. 프랑스 영토를 완전히 상실한 잉글랜드는 대륙 영토에 대한 미련을 버리고 섬나라 운명을 받아들여야 했다. 이때부터 잉글랜드는 눈을 대륙이 아닌 먼바다로 돌렸고, 그리하여 바다를 지배하는 대영제국이라는 새로운 길을 찾았다.

100년 전쟁과 장미전쟁은 영국, 프랑스 외 다른 나라들에도 큰 영향을 주었다. 영국, 프랑스 모두 전쟁에 필요한 물자를 조달해야 했고, 그 덕분에 지중해 무역을 담당하던 제노바, 피렌체, 베네치아 등 이탈리아의 여러 도시국가가 엄청난 돈을 벌어들였다. 두 나라의 전쟁이 길고 격해질수록 많은 돈이 이탈리아로 흘러들어 갔다. 이 돈으로 이탈리아의 문화가 크게 번창하게 되었는데, 그것이 바로 유럽의 역사를 뒤바꾼 르네상스다.

바다의 지배자 대영제국의 출발

● 종교개혁

헨리 7세의 아들 헨리 8세는 38년의 재위 기간(1509~1547) 동안 거쳐 간 왕비만 여섯 명이다. 두 명과는 이혼했고(아라곤의 캐서린, 클리브즈의 앤), 두 명은 사형에 처했다(앤 불린, 캐서린 하워드). 여섯 번이나 결혼했지만 자녀는 아들 하나(에드워드 6세)와 딸 둘(메리, 엘리자베스)뿐이다.

왕비도 죽이는 왕이니 신하들은 오죽했을까? 권력이 강해지거나 명성이 높아진다 싶은 귀족이나 신하 들은 어김없이 반역죄로 목이 달아났다. 한때 총애를 넘어 존경에 가까운 신뢰를 보여 주었고, 잉글랜드뿐 아니라 다른 나라들로부터도 많은 존경을 받던 토머스 무어, 토머스 크롬웰 같은 명망가도 한순간에 목이 달아나는 판에 귀족과 관료 들은 늘 국왕의 심기와 눈치를 살필 수밖에 없었다. 이로써 잉글랜드에는 '절대왕정'의 시대가 왔다.

헨리 8세가 가장 눈엣가시로 여긴 것은 교회였다. 당시 교회는 국왕이 아닌 교황 소속으로, 왕실보다 많은 토지와 재산을 가지고 있었고, 의회에도 대표를 파견하는 등 왕권과 독립된 권력 집단을 이루었다. 교회가 이런 권력을 가지고 왕권을 견제하며 백성의 편을 들었다면 좋았겠지만, 오히려 교회는 치외법권적인 지위를 이용해 백성들을 착취하고 괴롭혀 많은 원성을 들었다.

헨리 8세는 이런 민심과 당시 유럽에서 일어나고 있던 종교개혁 분위기에 편승해서 교회와 수도원 개혁에 나섰다. 교회와 수도원이 가지고

잉글랜드 국교회를 세운 헨리 8세

있던 재산을 몰수하고, 성직자들을 국왕의 명령에 복종하도록 하고, 의회의 성직자 대표의 수를 대폭 축소하는 등의 개혁이 이어졌다. 마침내 1534년 헨리 8세가 잉글랜드 내의 모든 교회의 관할권과 성직자 임명권은 교황이 아니라 국왕에게 있고, 잉글랜드 교회는 로마 가톨릭이 아닌 새로운 독립된 교회라고 선언했다. 이로써 잉글랜드 국교회(성공회)가 설립되었고, 잉글랜드는 개신교 국가가 되었다.

그런데 흔히 알려진 바와 달리 성공회는 헨리 8세가 왕권 강화를 위해 만든 것이 아니다. 더군다나 캐서린 왕비와 이혼하고 싶었는데 교황이 이혼을 승인하지 않아서 만든 것도 아니다. 헨리 8세 이전에 잉글랜드와 스코틀랜드에는 이미 종교개혁의 흐름이 상당히 강하게 흐르고 있었다. 오히려 잉글랜드가 종교개혁의 선구자다. 바로 잉글랜드의 존 위클리프가 라틴어 성경을 영어로 번역하고, 성직자의 특권과 타락을 비판하면서 평신도가 주도하는 교회를 주장했던 것이다. 위클리프의 사상이 대륙으로 건너가 얀 후스의 교회 개혁 운동으로 이어졌고, 이것을 마르틴 루터가 이어받았다.

잉글랜드 교회의 독립 과정도 헨리 8세가 주도한 것으로 기록되어 있지만, 실제로는 성직자들이 주도했다. 그 주역이 캔터베리 대주교 토머스 크랜머. 토머스 크랜머는 어렵고 복잡한 가톨릭 기도문과 각종 전례들을 간소하고 쉬운 영어로 바꾸어 성직자가 지나치게 높은 권위를 독점하는 것을 막았다. 성공회는 단지 교회의 수장을 교황에서 국왕으로 바꾼 것이 아니라 루터나 칼뱅 못지않은 종교개혁의 성과다.

• 국가와 결혼한 엘리자베스 1세, 대영제국의 출발점이 되다

헨리 8세는 세 자녀 중 자신이 사랑했던 왕비 제인 시모어가 낳은 왕자 에드워드에게만 애정을 주었다. 이 에드워드가 마크 트웨인의 소설 《왕자와 거지》에 나오는 그 왕자다. 헨리 8세가 가장 싫어했던 두 왕비, 캐서린과 앤 불린이 낳은 메리와 엘리자베스는 거의 사생아 취급을 받았다. 하지만 헨리 8세의 뒤를 이은 에드워드 6세는 16세의 나이로 요절하고 남은 두 공주 중 언니인 메리가 메리 1세로 왕위를 계승했다. 에드워드 6세는 눈을 감는 그 순간까지 열렬한 가톨릭 신자인 누나 메리가 잉글랜드를 다시 가톨릭 국가로 되돌릴까 걱정했다. 아니나 다를까 메리 1세는 토머스 크랜머 등 성공회 창설에 기여한 성직자들, 주요 관직에 있는 개신교 신자들을 처형하고, 성공회 기도서 사용을 금지하는 등 개신교를 탄압했다. 5년이라는 짧은 재위 기간 동안 300명이 넘는 사람들이 종교적인 이유로 처형당했다. 그래서 메리 1세를 '블러디 메리Bloody Mary'라 불렀다.

메리 1세가 사망하자 헨리 8세의 자녀 중 가장 미움받았던 딸 엘리자베스가 엘리자베스 1세로 등극했다. 엘리자베스 1세는 메리 1세의 친가톨릭 정책을 폐지하고 다시 성공회를 일으켰다. 또 본인은 절대왕권을 신봉했음에도 불구하고 의회와 협력적 관계를 유지하고, 의회의 지지와 협조를 기반으로 정책을 펼쳐 나갔다. 엘리자베스 1세의 현명하고 사려 깊은 통치는 잉글랜드의 국력을 비약적으로 발전시켰다.

당시 엘리자베스 1세는 유럽 군주들의 정략결혼 대상으로 인기가 높았다. 특히 메리 1세의 명목상 남편이었던 스페인 국왕 펠리페 2세는 결

혼을 강요하다시피 했다. 엘리자베스 1세는 결혼을 통해 잉글랜드의 통치권이 다른 가문으로 넘어가는 것을 막기 위해 아예 독신을 선언했다. 그때 나온 유명한 말이 "짐은 잉글랜드와 결혼했다"다. 잉글랜드의 귀족들은 강경한 가톨릭 군주인 펠리페 2세에 대한 걱정을 덜었지만 엘리자베스 1세가 개신교 군주와 결혼하는 대신 독신을 선언했기 때문에 스코틀랜드 여왕 메리 스튜어트가 왕위 계승 서열 1위가 되었다. 문제는 공교롭게도 이름마저 '메리'인 메리 스튜어트 역시 가톨릭 신자라는 것이었다.

메리 스튜어트는 헨리 7세의 딸 마거릿의 후손이다. 헨리 7세는 메리, 마거릿, 그리고 아들 헨리 8세를 남겼는데, 헨리 8세의 자녀인 블러디 메리, 엘리자베스, 에드워드가 모두 자식이 없고, 메리의 유일한 후손인 제인 시모어는 블러디 메리에게 죽임을 당했다. 결국 튜더 왕가의 핏줄은 스코틀랜드 왕비가 된 마거릿을 통해 스코틀랜드 왕실에서 명맥을 이어나갔다. 그렇게 메리 스튜어트가 엘리자베스 1세 다음의 왕위 계승권자가 되었다.

그런데 메리 스튜어트가 스코틀랜드 왕위를 내려놓고 잉글랜드로 왔다. 당시 스코틀랜드 귀족들은 개신교 일파인 장로교를 믿었기 때문에 이 가톨릭 여왕과 사이가 나빴다. 결국 메리 스튜어트는 귀족들에게 탄핵되어 아들 제임스 6세에게 왕위를 물려주고 잉글랜드로 망명 오는 신세가 되었다. 엘리자베스 1세에게는 왕위 계승 서열 1위이며 이웃 나라 전직 여왕이 잉글랜드로 오는 것이 꺼림칙했다. 더구나 메리 스튜어트를 중심으로 가톨릭 세력이 뭉치려는 조짐이 보였다. 결국 엘리자베스 1세는 메리 스튜어트를 프랑스, 스페인 등과 내통해 왕위를 찬탈하려 했다는 죄목으로 참수해 버렸다.

메리 스튜어트의 참수는 잉글랜드를 노리던 스페인, 프랑스 등에게 좋은 핑계가 되었다. 스페인의 펠리페 2세가 메리 스튜어트를 죽인 책임을 묻는다며 군대를 일으켰다. 물론 메리 스튜어트는 핑계고, 대서양 해상권의 경쟁자인 잉글랜드를 공격할 명분을 찾았을 뿐이었다. 더구나 잉글랜드는 당시 스페인 영토였던 네덜란드의 독립운동을 지원했다. 펠리페 2세는 잉글랜드부터 굴복시킨 뒤 그 힘으로 네덜란드를 무너뜨릴 생각이었다. 마침내 1588년, 이른바 무적함대 130척이 잉글랜드를 향했다. 잉글랜드는 육군이 매우 빈약했고, 스페인 육군은 유럽 최강이었기 때문에 상륙하기 전에 해전에서 끝을 봐야 했다. 이렇게 운명을 건 해전에서 영국이 승리했다. 패배한 무적함대는 스코틀랜드 방향으로 퇴각하다가 폭풍우도 만나고 길도 잃어버리는 등 우왕좌왕하다 절반 이상의 배를 잃어버리고 말았다.

이때부터 세계를 주름잡던 스페인 제국의 패권이 기울기 시작했고, 잉글랜드가 새로운 해상 강국으로 떠올랐다. 엘리자베스 1세는 대서양 너머로 탐험대를 보내 스페인과 프랑스가 선점하고 있던 아메리카 식민지 경쟁에 나섰다. 처음 건설된 식민지는 독신인 여왕을 기념해서 버지니아라는 이름이 붙었다. 또 동인도 회사를 설립해 인도는 물론 아시아, 아프리카, 아메리카를 아우르는 무역 네트워크를 구축했으며, 이를 발판으로 전 세계를 향한 제국주의 침략의 발판을 마련했다. 가난하고 문화적으로 투박하며 싸움만 잘하던 섬나라 잉글랜드가 부유한 나라로 변신

위: 잉글랜드의 번영을 이끈 엘리자베스 1세
아래: 스페인의 무적함대를 격침하는 영국 해군

했다. 나라가 부유해지면서 문화, 예술의 수준도 높아지고, 잉글랜드에도 르네상스의 꽃이 피게 되었다. 역사상 가장 위대한 극작가 셰익스피어, 데카르트와 쌍벽을 이루는 근대 철학의 아버지 프랜시스 베이컨이 활약한 시기가 바로 엘리자베스 1세 때다.

하지만 모든 국민이 번영의 혜택을 누린 것은 아니다. 잉글랜드가 모직물 수출로 번영하면서 그 원료인 양털 수요가 폭증했고, 신사들은 경작지를 목장으로 바꾸어 엄청난 이익을 거두었다. 반면 수많은 소작농이 경작지에서 쫓겨나 부랑자가 되어야 했다. 이 과정을 인클로저라 한다. 엘리자베스 1세는 이 문제를 해결하기 위해 구빈법을 제정했는데, 이 법은 빈민 구제보다는 그들이 반란군이나 사회 혼란 세력이 되는 것을 막는 데 집중한 것으로 보인다. 대체로 이런 내용이었다. "구걸을 금지하고, 처벌한다. 노동 의지를 저하시키는 개인적인 자선 행위를 금지한다. 구빈세를 제정해 사회 복지 비용을 마련한 뒤 장애인, 노인 등 노동 능력이 없는 사람에게만 복지를 제공하고, 노동 능력이 있는데 부랑 생활을 하는 빈민은 강제 노역장에 수용한다."

부랑민들은 처벌을 피하려면 어디에든 취직해야 했고, 그 덕분에 아주 싼값에 노동자들을 고용할 수 있게 된 상공업자들은 대서양 무역을 통해 넓어진 시장을 활용한 대량 생산, 대량 판매로 막대한 부를 축적하기 시작했다. 이렇게 근대 자본가가 탄생했고, 잉글랜드는 세계에서 가장 먼저 자본주의, 그리고 여기에 필연적으로 따라오게 되는 제국주의의 길로 접어들었다.

연합 왕국의 시작, 스튜어트 왕조

엘리자베스 1세가 세상을 떠났다. 1순위 계승자인 메리 스튜어트를 처형했기 때문에 그 아들인 스코틀랜드 왕 제임스 6세가 잉글랜드 왕 제임스 1세로 등극했다. 이로써 튜더 왕조가 막을 내리고 스튜어트 왕조가 문을 열었다. 또 한 사람이 두 나라 왕관을 모두 쓰면서 자연스럽게 두 나라가 하나가 되었다. 스코틀랜드 입장에서도 자기네 왕이 잉글랜드의 왕이 되는 방식으로 합쳐진 것이니 자존심이 상하지 않았을 것이다.

제임스 1세는 어머니 메리 스튜어트와 달리 어릴 때부터 장로교 교육을 받은 개신교 군주였다. 다만 그는 왕권신수설을 신봉하고 있었기 때문에 왕이 직접 관할하는 국교회 이외의 개신교 교회들의 존재, 그리고 의회가 사사건건 왕권에 간섭하는 것, 더구나 그 의원들 중에 평민이 다수라는 것을 매우 싫어했다. 결국 제임스 1세는 왕권 행사에 자꾸 딴지를 거는 의회를 해산시켜 버렸다.

그 뒤를 이은 찰스 1세는 아버지의 왕권신수설은 철저히 물려받았지만, 정치적 수완은 물려받지 못했다. 특히 어린 시절부터 친하게 지내던 버킹엄 공작 조지 빌리어즈에게 많은 권한을 몰아주는 실수를 저질렀다. 버킹엄 공작은 프랑스와 쓸모없는 전쟁을 벌여 국고를 낭비하더니 암살당하고 말았다. 왕실 금고가 바닥나자 찰스 1세는 세금을 걷어야 했고, 세금을 걷자니 할 수 없이 아버지가 해산했던 의회를 소집해야 했다. 1628년에 소집된 의회는 '권리청원'을 들어주는 조건으로 세금 인상에 동의했다. 하지만 찰스 1세는 세금만 걷은 뒤 의회를 해산시켜 버리고 11년간 다시 소집하지 않았다.

청교도혁명, 명예혁명을 거쳐 입헌군주국가로

찰스 1세는 절대왕권을 위해 영국의 모든 교회를 성공회로 통일하려 했다. 그러자 여기 반발한 스코틀랜드인들이 대규모 반란을 일으켰다. 찰스 1세는 할 수 없이 11년 만에 의회를 열어 전쟁 경비를 요구했다. 하지만 의회는 세금 이야기는 하지도 않고, 그동안 쌓인 민원을 쏟아 내면서 무려 2백 개나 되는 조항으로 구성된 항의문을 채택했다. 화가 난 찰스 1세가 항의문 채택을 주도한 의원을 체포하려 하자 의회가 무력으로 저항했다. 이로써 국왕의 왕당파와 의회파의 내전이 일어났다.

처음에는 왕당파가 유리했다. 하지만 청교도 지도자 올리버 크롬웰이 의회파에 가세하자 전세가 기울었다. 크롬웰이 이끄는 청교도 군대New Model Army는 늘 성경을 들고 다니며 찬송가를 불렀고, 청교도를 탄압했던 찰스 1세를 악마로 규정하고 결사적으로 싸웠다. 결국 의회파가 왕당파를 격파했다. 크롬웰은 의회의 포로가 된 찰스 1세를 처형해야 한다고 주장했다. 그러나 의회 지도자들은 왕을 죽인다는 것을 상상도 할 수 없었기에 이를 거부했다.

이때부터 크롬웰의 본색이 드러났다. 그는 군대를 몰고 의회에 난입해 의원들을 체포하고 자기를 지지하는 의원 50명만으로 의회를 편성한 뒤 권력을 장악했다(1648). 이렇게 군사 쿠데타로 정권을 잡은 크롬웰은 군주정 폐지와 공화정을 선포한 뒤, 찰스 1세를 단숨에 사형에 처해 버렸다. 찰스 1세의 처형은 영국은 물론 유럽 전체에 큰 충격을 안겨 주었다. 백성이 왕을 죽였다. 찰스 1세의 목이 떨어지는 순간 그 자리에 있었던 사람들 중에는 공포에 사로잡혀 기절하는 사람들까지 있었다고 한다.

이 과정이 세계 최초의 시민혁명인 청교도혁명이다. 비록 민주정치로 이어지지는 않았지만 세계 역사상 처음으로 백성들이 힘으로 왕을 몰아낸 뒤 왕이 없는 정치, 왕이라는 특별한 존재가 아니라 백성, 즉 국민에게 주권이 있는 정치를 선포한 것이다.

하지만 크롬웰이 실시한 정치는 의회 민주주의가 아니라 군사독재였다. 핑계는 스페인 등 가톨릭 국가와 결탁한 왕당파가 소탕되기 전까지 비상 상황이라는 것이었다. 그는 이 핑계로 의회를 해산하고 모든 권력을 장악한 종신 호국경이 되었다(1653). 그런데 막상 그가 소탕한 것은 왕당파가 아니라 민중을 대변해 평등선거, 보통선거를 요구했던 수평파였다. 그는 자기 지지자 이외의 사람들을 수평파, 왕당파, 가톨릭 등 가리지 않고 고문하거나 죽였고, 이를 '신의 뜻'이라며 정당화했다. 특히 왕당파와 가톨릭 소탕을 핑계로 아일랜드에서는 대규모 학살극을 자행했다. 아일랜드 주민을 학살하고 빼앗은 농토는 영국에서 건너온 개신교도들에게 분배되었는데, 아일랜드 농토 3분의 2가 영국인 소유가 될 정도였다.

영국에서도 독재에 대한 반발이 컸다. 그러던 중 크롬웰이 세상을 떠나자 호국경 자리가 왕위처럼 아들 리처드 크롬웰에게 세습되었다. 영국인들은 더 참지 못하고 리처드 크롬웰을 축출하고 찰스 1세의 아들 찰스 2세를 국왕으로 맞이하면서 공화정을 폐지하고 왕정으로 돌아갔다(1660 왕정복고). 올리버 크롬웰은 부관참시를 당했고, 리처드 크롬웰을 비롯한 올리버 크롬웰의 주요 추종자들도 모두 사형당했다.

찰스 2세는 아버지의 실수를 반복하지 않기 위해 의회를 자극하지 않고 무난한 통치를 했다. 그러나 그 뒤를 이은 동생 제임스 2세는 달랐

위: 청교도혁명의 중심 올리버 크롬웰
아래: 찰스 1세의 처형

다. 그는 왕권신수설을 내세우며 의회를 무시했다. 더구나 그는 독실한 가톨릭 신자였다.

1686년 제임스 2세가 가톨릭 교인을 잇따라 요직에 등용하고, 의회의 동의 없이 상비군을 설치하고 가톨릭 교인들을 고용하자, 의회는 제임스 2세의 딸 메리와 그 남편 네덜란드 공화국의 통치자 오렌지 공 윌리엄(네덜란드어로 빌럼 오라녀)을 공동 국왕으로 옹립할 비밀 계획을 세웠다. 윌리엄 역시 야심가였고 마음속에 품은 계획이 있었기 때문에 영국 의회 지도자들과 1년 넘게 비밀 편지를 주고받으며 음모를 키웠다.

마침내 딸과 사위의 군대가 영국에 상륙하자 제임스 2세는 이를 "네덜란드의 영국 침략"으로 선언했지만, 도리어 영국 국민이 이들을 환영했다. 윌리엄은 천천히 진군하면서 장인과의 전쟁을 피했다는 명분을 만들었고, 이에 따라 영국의 주요 귀족들이 속속 윌리엄에게 넘어갔다. 심지어 영국군 최고 사령관 루이 드 듀라, 부사령관 존 처칠(윈스턴 처칠 총리와 다이애너 왕세자비의 조상이며 훗날 말보로 공작이 된다)까지 윌리엄에게 투항했다. 제임스 2세는 왕위가 아니라 '목'을 걱정해야 했다. 윌리엄과 의회 역시 왕의 목을 베는 것만은 피하고 싶었다. 결국 타협이 이루어져 제임스 2세는 왕위를 내려놓고 프랑스로 망명했다.

이후 의회는 윌리엄을 국왕으로 옹립하자고 주장하는 휘그당과 메리를 국왕으로 옹립하자는 토리당으로 갈라져 다투었다. 이 다툼은 부부가 공동으로 왕위에 오르는 것으로 결론이 났다. 의회는 이들을 공동 국왕으로 추대하는 한편 국왕의 권력 행사에 대한 의회의 견제를 대폭 강화한 '권리장전'에 서명을 요구했다. 의회 덕분에 왕위에 오른 왕들은 여기 서명할 수밖에 없었고, 영국은 큰 유혈사태 없이 절대왕정 국가에서 국민의 대표인 의회가 권력을 행사하는 입헌군주제 국가로 이행했다. 이 과정을 '명예혁명'이라 부른다. 윌리엄 3세와 메리 2세가 '권리장전'에 서명한 1689년은 공교롭게도 프랑스혁명 딱 100년 전이다.

근대의 선두주자가 되다

메리 2세와 윌리엄 3세는 자녀를 남기지 않고 요절하고, 메리 2세의 동생 앤 여왕이 등극했다. 앤 여왕은 잉글랜드 왕국, 스코틀랜드 왕국, 웨일스 공국과 아일랜드의 동군 연합이라는 복잡한 구조의 나라를 '그레이트브리튼과 아일랜드 연합 왕국'으로 정리하면서 공식적으로 '연합 왕국'이라는 이름을 사용한 최초의 군주가 되었다.

그런데 앤 여왕 마저 자녀를 남기지 않고 세상을 떠나면서 왕위 계승이 복잡해졌다. 명예혁명 당시 윌리엄 3세와 의회가 가톨릭 신자는 절대왕위를 계승하지 못하도록 못을 박아 놓았기 때문에 방계 후손 중 왕위계승 서열 1-21위가 모두 탈락했다. 결국 왕위 계승 서열 22위(그야말로 선왕의 사돈의 팔촌 수준)였던 독일 하노버 왕국의 군주 게오르크 1세가 잉글랜드 왕 조지 1세로 등극했고, 스튜어트 왕조가 하노버 왕조로 바뀌었다. 하노버 왕조는 이후 작센-코부르크-고타 왕조, 윈저 왕저로 이름을 바꾸어 가며 사실상 오늘날까지 이어지고 있다. 즉 현재 영국 왕실은 독일계다.

조지 1세는 독일계 정도가 아니라 완전한 독일인이다. 그것도 독일의 손꼽히는 명문 가문의 수장이다. 그의 손자가 바로 유명한 프로이센의 프리드리히 대왕이다. 심지어 그는 영어도 못했다. 그는 왕이 일방적으로 지시하고 명령하는 절대왕정이 몸에 익어 의회에서 시끄럽게 토론하는 영국 정치를 싫어했다. 그래서 조지 1세는 로버트 월폴Robert Walpole을 총리로 임명해서 정치를 맡겨 버리고, 자신은 독일에 가서 하노버 군주 역할에 집중했다. 그는 하노버 왕국의 영토를 크게 넓혀서 북해까지 진출하는 등 많은 업적을 남겼지만 영국에 대해서는 전적으로 총리에게 맡겨 두었다. 이렇게 "국왕은 상징적인 존재로서 정치에 관여하지 않는다"는 입헌군주정, 그리고 총리가 장관을 임명해 내각을 이끄는 내각책임제의 원형이 만들어졌다. 조지 1세의 뒤를 이은 하노버 왕가의 다른 국왕들(조지 2세, 조지 3세, 조지 4세, 윌리엄 4세) 역시 영국 정치에 개입하지 않으면서(즉, 독일 정치에 몰두하면서) 이 전통을 확고하게 굳혀 나갔다.

이때부터 영국 왕은 독일 일에 신경을 쓰고, 영국의 정치는 유명한 정치가들이 주도하게 되었다. 선거를 통해 총리를 선출하고 국왕이 이를 형식적으로 추인한 뒤 총리에게 모든 국정의 책임이 주어지는 의원내각제 정치가 이어지게 된 것이다. 18세기 영국을 대표하는 정치가는 로버트 월폴 말고도 그 맞수였던 윌리엄 피트, 그리고 그 아들인 '소小피트' 윌리엄 피트, 오거스터스 피츠로이, 프레더릭 노스 등이 있었다. 이 정치가들과 이들이 속한 토리당과 휘그당은 서로 티격태격하며 권력을 다투었지만, 절대왕정 회귀에 반대하고, 영국이 더 많은 해외 식민지를 차지해야 한다고 생각한다는 점에서는 생각을 같이했다. 영국은 프랑스, 스페인과의 싸움에서 잇따라 승리하면서 아메리카에 드넓은 식민지를 차지하게 되었으며, 동인도 회사를 발판으로 인도와 아시아 쪽에도 세력을 넓혀 나갔다. 18세기 중반이 넘어서자 영국은 스페인, 프랑스를 능가하는 대제국을 이루게 되었다.

이렇게 영국 정치가 왕의 명령이 아니라 토론으로 왁자지껄하게 진행될 때 경제, 산업, 그리고 학문과 예술 분야 역시 수많은 인재가 등장하며 시끄럽게 발전했다. 이제 영국은 무력과 돈만 많은 나라가 아니라 문화 예술에서도 유럽 다른 나라들을 한참 앞서가는 나라가 되었다. 특히 근대의 시대정신이라 할 수 있는 과학적 사고방식에서 다른 나라들을 앞질러 나갔다.

존 로크의 《통치론》은 영국식 민주정치를 철학적으로 정당화했으며, 그 사상은 프랑스와 아메리카로 전해져 프랑스혁명과 미국 독립의 사상적 기반이 되었다. 애덤 스미스의 《국부론》은 자유 시장경제를 정당화하고 해명함으로써 경제학을 윤리의 영역에서 과학의 영역으로 옮겨 왔으며, 근대 자본주의의 중요한 이론적 기반을 마련했다. 그러나 18세기 최고의 영웅은 설명이 필요 없는 근대 자연과학의 선구자 아이작 뉴턴이다. 근대 정신의 키워드인 민주정치, 시장경제, 자연과학이 모두 영국에서 처음 꽃을 피운 것이다. 중세 때 변방의 가난한 나라였던 영국이 이제는 근대의 선두 주자가 되었다. 음악가 게오르크 프리드리히 헨델은 이런 승승장구하는 영국인이 느끼던 선민의식을 장엄하고 감격적인 음악으로 표현했다.

왼쪽 위: 존 로크
오른쪽 위: 아이작 뉴턴
아래 왼쪽: 애덤 스미스
아래 오른쪽: 게오르크 프리드리히 헨델

해가 지지 않는 대영제국의 빛과 어둠

하노버 왕가가 상징적 군주이던 시기, 영국은 활기에 넘쳤다. 의회는 정치가들의 토론으로 분주했고, 경제에서는 분업과 공장이라는 새로운 생산방식이 도입되면서 대량 생산, 대량 소비의 산업혁명이 일어났다. 영국의 산업혁명은 다른 유럽 나라들보다 100년 이상 앞섰다. 영국은 넘치는 생산력과 막강한 국력을 바탕으로 세계 제국을 세웠다. 아메리카의 거대한 식민지가 독립해서 미국이 되었지만, 이걸 제외하고도 영국의 식민지는 마침내 지구 육지의 4분의 1을 넘겼다. 바로 '대영제국The Great Britain Empire'이다.

전성기 때 대영제국은 3,550만 제곱킬로미터라는 엄청난 영토를 자랑했던 역사상 최대의 제국이었다. 지도에서 보듯, 대영제국의 영토는 지구를 한 바퀴 돌면서 전 세계 모든 대륙에 걸쳐 있었다. 그래서 대영제국을 '해가 지지 않는 나라'라 불렀다. 당시 영국의 국내총생산은 식민지 생산분을 빼고도 독일과 프랑스를 합친 것과 맞먹었고, 식민지까지 집어넣으면 계산이 불가능할 정도였다. 오늘날 미국의 패권은 당시 영국에 비하면 매우 소박하게 보인다. 영국인들은 이 시기를 당시 영국 국왕이었던 빅토리아 여왕의 이름을 따 '빅토리아 시대'라 부르며 그리워한다.

영국은 이 패권을 유지하기 위해 유럽에서 패권을 위협할 세력이 등장하지 못하도록 교묘하게 개입했다. 프랑스, 독일, 러시아가 주요 경계 대상이었는데, 영국은 이들 사이에서 교묘한 줄타기 외교를 하면서 유럽이 하나의 세력이 되어 자신과 맞서는 것을 막았다. 특히 러시아의 해양 진출을 봉쇄하기 위해 수백 년간 적대국이었던 프랑스와 동맹을 맺는 결

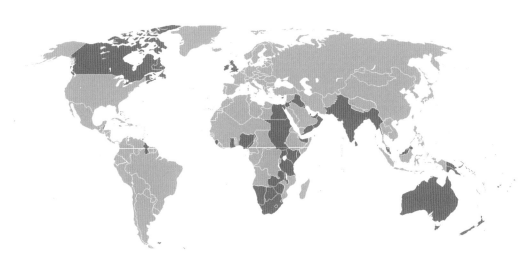

대영제국의 전성기 영토

단을 내리기도 했다.

하지만 이 영광에는 영국이 감추고 싶어 하는 그늘이 있다. 대영제국이 형성되는 과정이 결코 '신사적'이지 않았다. 영국의 식민지 침략 순서는 탐험가와 선교사가 어느 정도의 혜택을 베풀어 친근감을 만들면 상인들이 진출해 그 나라의 경제권을 장악하고, 현지 정권이 협조적이면 사실상 종속 관계인 동맹 관계를 맺고, 이익에 방해되면 갖가지 명분으로 전쟁을 일으켜 영국 영토로 삼아 버리는 것이었다. 이 중에는 생트집을 걸고 일으킨 더러운 전쟁들도 적지 않았다. 가장 악명 높은 것이 청나라를 상대로 일으킨 '아편전쟁,' 그리고 네덜란드계 이주민들이 건설한 식민지에서 금과 다이아몬드가 나오자 아무 이유 없이 전쟁을 걸어 빼앗은 '보어전쟁'이다.

영국은 본국의 수십 배나 되는 식민지를 통치하기 위해 식민지 주민의 단결을 교묘히 방해했다. 반목과 갈등을 부추기고, 소수민족, 소수집단을 부역자로 활용해 다수 집단과 대립시켰다. 이를 이른바 '분할통치' 방식이라고 한다. 아프리카에서는 종족 간의 갈등을 이용해서, 특정 종족을 협력자로 만들어 그들의 힘으로 다른 종족을 지배하고, 서아시아에서는 수니파를 협력자로 만들어 시아파를 지배하게 하고, 인도에서는 무슬림과 힌두교 사이에서 줄타기를 하며 서로 견제하도록 하고, 싱가포르, 말레이시아에서는 화교를 이용해서 말레이인들을 통치하는 등 영국의 식민 통치는 치밀하고 교묘했다. 실제로 각 식민지에 주둔하는 영국 군대는 장교만 영국인이며 부사관과 병사는 현지 부역 세력들로 이루어진 경우가 대부분이었다. 이는 나중에 영국이 식민지 지배를 포기한 뒤 지구

촌 곳곳을 피로 물들이는 분쟁의 원인이 되었다.

영국은 이러한 식민지 침략을 '근대화', '문명화'라는 이름으로 포장했다. 식민지가 된 나라들이 '야만' 상태에 있었는데 영국이 이들을 지배함으로써 '문명화'하고 근대국가로 만들었다는 것이다. 일본의 이른바 '식민지 근대화론'이 여기서 나왔다. 일본뿐이 아니다. 모든 제국주의 국가들은 한편으로 영국을 모방하고 다른 한편으로는 시기했다. 물론 영국은 세계의 4분의 1을 '근대화'했다. 하지만 이는 식민지들을 영국의 산업 분업 체계에 편입시키기 위한 것이지 식민지 사람들의 생활을 개선하기 위해서가 아니었다. 영국은 식민지에서 풍부한 원료와 노동력을 값싸게 확보해서 대규모로 생산한 상품을 전 세계에 판매해 막대한 이익을 거둘 수 있었다.

또 다른 그림자는 번영의 과실이 소수에게 집중되었다는 것이다. 과실의 대부분은 자본가, 그리고 그들과 가까운 중산층 몫이었고, 노동자의 처지는 별로 나아지지 않았다. 영국이 번영하면 번영할수록 그 격차는 점점 더 벌어졌다. 노동자들은 12시간 이상의 노동과 예고 없이 닥치는 해고의 위협 아래서 비참하게 살아야 했다. 셰익스피어와 더불어 영국 문학을 대표하는 작가 찰스 디킨스는 이러한 대영제국의 그늘을 소재로 많은 작품을 남겼다.

노동자들은 이런 상황을 참지 않았으며, 노동조합을 만들어 조직적으로 저항했다. 이들의 입장을 대변하는 사회주의도 널리 확산되었다. 사회주의 운동의 시조인 카를 마르크스와 프리드리히 엥겔스는 모두 독일인이었지만 그들의 주무대는 영국이었다. 마르크스가 애덤 스미스의 《국부론》과 비교되는 사회주의의 경전 《자본론》을 집필한 곳도 런던이었다.

영국 노동자들은 1838년에 노동계급의 요구를 의회에 보내는 '인민 헌장'을 발표했다. 무려 120만 명이 여기에 서명했다. 이것이 바로 '차티스트 운동'이다. 헌장의 내용은 노동자들에게 투표권과 피선거권을 주고 가난한 사람도 의원이 될 수 있도록 보수를 지급하는 것 등이다. 당시 영국은 도시 중산층 이상의 계층에만 참정권이 있었고, 의원들은 무보수로 일했다. 노동자는 출마도 투표도 할 수 없었고, 설사 당선된다 해도 생계 때문에 의정 활동을 할 수 없었다.

보수당(토리당)은 물론 자유당(휘그당)마저 노동자의 요구를 무시했다. 의회는 이 청원을 부결하는 건 물론 청원을 주도했던 윌리엄 러벳 William Lovett을 체포하기까지 했다. 그러자 1840년대 내내 영국 곳곳이 파업과 노동자들의 시위로 들끓었다. 500만 명이 서명해 인민헌장을 청원했지만 의회는 기어코 이를 부결시켰고, 노동자 지도부 체포도 계속되었다. 하지만 영국 노동자들은 포기하지 않았고, 수십 년간의 힘 싸움 끝에 1884년에 영국 노동자들은 마침내 참정권을 획득했다. 하지만 이는 남성들만의 참정권이었다. 여성이 참정권을 획득한 것은 이로부터 한참 뒤인 1928년의 일이다.

이 과정에서 자유당에 대한 노동자 계급의 배신감과 분노가 들끓었다. 그리하여 1893년 영국 최초의 노동자 정당인 독립노동당이 창당되었고, 이들이 사회주의 계열 정치조직인 페이비언 협회, 사회민주연맹, 노동조합연맹과 연합해 노동당이 되었다. 노동당이 성장하는 만큼 자유당은 점점 입지가 줄어들었고, 결국 20세기 이후 거의 존재감이 사라지고 말았다.

노동자들이 참정권을 획득했지만 이것만으로 민주주의가 완성되었다고 보기 어렵다. 참정권은 어디까지나 남성에게만 주어졌기 때문이다. 당연히 여성들도 참정권을 요구했지만 상대적으로 진보적인 자유당이나 노동당조차 여성의 공적 능력 부족을 이유로 이를 외면했다. 그러나 급진적 여권운동가 에멀라인 팽크허스트Emmeline Pankhurst가 등장하면서 사정이 달라졌다. 에멀라인은 세 딸과 함께 여성 참정권 운동에 뛰어들어, 산발적으로 일어나던 여성 참정권 운동을 WSPU(여성 사회 정치 연합)로 통합했다.

이 단체는 남성들끼리 만든 법을 인정할 수 없다고 주장하며 고의로 법을 어기고 때로는 폭력까지 행사하는 과격한 방식으로 투쟁했다. 수천 명의 여성이 이 과정에서 투옥되었지만, 이들은 감옥에서 단식으로 계속 저항했다. 마침내 1918년이 되어서야 30세 이상의 여성에게 투표권이 주어졌고, 1928년에 21세 이상의 모든 여성에게 투표권이 주어졌다. 이로써 민주주의와 관련해서 영국은 연거푸 세계 최초의 역사를 썼다. 최초의 시민혁명, 최초의 노동자 참정권, 최초의 여성 참정권. 그러나 이 과정은 결코 지배 계층의 자비심에 의해 이루어지지 않았다. 영국의 노동자와 여성은 그 권리를 싸워서 스스로 얻어 냈다.

에멀라인 팽크허스트의 연행 장면

해가 식어 버린 대영제국

영원히 지지 않을 것 같던 대영제국의 해는 두 차례의 세계대전을 거치면서 몰락했다. 영국은 두 차례 세계대전에서 모두 승전국이었고, 독일은 패전국이었지만 오늘날 두 나라의 국력을 비교해 보면 상처뿐인 승리임이 분명하다. 세계대전의 진정한 패전국은 영국이라는 말까지 나온다. 세계의 4분의 1을 차지하고 있던 나라에서 한반도만 한 섬나라가 되고 말았으니 그런 말이 나올 만하다.

● 제국주의의 종말: 제1차 세계대전

제1차 세계대전은 공식적으로는 1914년에 시작되었다. 하지만 영국이 새롭게 떠오르는 독일 제국의 팽창을 막기 위해 프랑스, 러시아와 동맹을 맺은 순간 이미 세계대전의 싹을 심은 것이나 다름없다. 독일 제국은 오스트리아 및 프랑스와의 전쟁에서 승리한 프로이센이 라인강 일대의 소국들과 바이에른 왕국을 합병하면서 탄생한 나라다. 통일된 독일의 위력은 엄청났다. 통일 10여 년 만에 인구로는 프랑스를 넘어서고 산업 생산력으로는 영국을 넘어섰다. 게다가 프로이센 시절부터 독일은 군사 강국이었다. 인구, 산업, 군사 모두 유럽 최강인 강대국이 난데없이 등장한 것이다.

유럽 대륙에서 한 발 건넌 섬에 자리 잡고서 자기들을 위협할 만한 강대국이 등장하지 않도록 견제하던 영국에 비상이 걸렸다. 처음에는 프랑스, 다음은 러시아를 견제했지만, 이제는 독일이 문제였다. 더구나 독일은 넘치는 생산력을 소화할 식민지가 간절했기 때문에 영국, 프랑스가 차지하고 있는 식민지들을 호시탐탐 노렸다. 어느 모로 보나 독일은 영국에게 전통적인 라이벌 프랑스, 러시아보다 훨씬 무시무시한 상대였다.

독일과 국경을 대고 있는 프랑스와 러시아는 독일이 더 강해지는 것을 절대 바라지 않았다. 이럴 때 영국은 과거의 원한 같은 것은 개의치 않는 나라다. 러시아를 견제하기 위해 오랜 숙적 프랑스와 동맹을 맺었듯이, 독일을 견제하기 위해 러시아와 동맹을 맺는 것은 정해진 수순이나 다름없었다. 그리하여 영국, 프랑스, 러시아가 3국 협상을 통해 동맹국이 되었다. 독일 역시 같은 민족인 오스트리아-헝가리 제국, 같은 신생 통일 국가인 이탈리아와 3국 동맹을 맺고, 그 밖에 오스만 제국 등과 동맹을 맺으면서 맞불을 놓았다. 이 나라들 중 어느 하나만 전쟁에 휘말려도 단숨에 온 유럽이 전쟁터가 되는 판이 깔리고 말았다.

당시 독일과 오스트리아가 노리던 곳은 발칸반도의 신생 국가들이었다. 그러던 중 보스니아의 사라예보에서 오스트리아 황태자 프란츠 페르디난트가 세르비아 청년에게 암살당하고, 이를 빌미로 오스트리아가 세르비아에 침공하면서 전쟁이 시작되었다. 세르비아의 배후인 러시아, 오스트리아의 배후인 독일이 개입하고, 결국 영국과 프랑스까지 가세했다. 이탈리아가 3국 협상 쪽으로 옮겨 가면서 이 전쟁은 영국, 프랑스, 러시아, 이탈리아 대 독일, 오스트리아, 불가리아, 오스만 제국으로 번졌고 나아가 아시아의 중국과 일본까지 가세하면서 세계대전으로 확대되었다. 이것이 제1차 세계대전이다.

전쟁은 1918년 독일의 패배로 막을 내렸다. 하지만 여기서 승패를 가리는 것은 의미 없는 일이다. 영국의 피해는 전사한 군인만 90만 명,

부상병까지 합치면 300만 명이 넘었다. 사실상 정규군이 와해된 셈이다. 단 몇 년 만에 이렇게 많은 전사자가 발생한 전쟁은 역사상 한 번도 없었다. 하지만 강대국들은 제1차 세계대전에서 충분히 교훈을 얻지 못했다. 전쟁을 마무리하는 파리강화회의에서 전쟁을 방지하는 쪽보다는 패전국 독일을 응징하는 쪽으로 논의가 흘렀기 때문이다. 결국 승전국은 식민지를 보유하고, 패전국 식민지만 해방되는 편파적인 결론이 났다.

패전국이 된 이슬람 세계의 지배자 오스만 제국이 해체되었다. 이라크 북부와 시리아, 레바논 북부는 프랑스가, 이라크 남부와 레바논 남부, 요르단은 영국이 차지했다. 영국은 이 과정에서 2중, 3중의 배신을 저질렀다. 우선 맥마흔 선언을 통해 독립을 약속하고 오스만 제국과의 전쟁에 끌어들인 아랍 지도자들을 속였다. 다음은 밸푸어 선언으로 이스라엘 건국을 약속하고 전쟁 자금을 지원한 로스차일드 등 유대인 은행가들을 속였다. 마지막으로 서아시아를 프랑스와 비밀리에 분할하면서 한마디 말도 없이 미국을 속였다. 영국과 프랑스는 왜 이런 짓을 했을까? 당연히 석유를 확보하기 위해서다.

● 상처뿐인 승리, 제2차 세계대전

전쟁의 가능성을 제거하지 못하고 도리어 불씨만 잔뜩 남겨 놓은 상태였지만, 전쟁 후 유럽과 영국의 경제는 빠르게 회복세를 탔다. 하지만 불과 10년 후, 되살아나나 싶던 세계 경제는 사상 최악의 경제공황에 빠졌다. 대공황이라 불리는 이 기간 동안 팔 곳을 찾지 못한 상품이 쌓였고, 쓸모없어진 공장이 문을 닫았으며, 엄청난 수의 실업자가 쏟아져 나

제1차 세계대전 이전(위)과 이후(아래)의 중동 지역
(괄호 안은 독립연도)

왔다. 패전으로 식민지를 모두 상실한 독일은 경제공황의 직격탄을 맞았고, 여기서 비롯된 불만과 분노를 동력으로 나치당의 아돌프 히틀러가 권력을 잡았다. 결국 제1차 세계대전 이후 위태위태하던 평화는 1939년 나치 독일이 폴란드를 침공하면서 20년 만에 무너지고 제2차 세계대전이라는 더 큰 참사가 일어났다.

영국은 독일이 프랑스 국경에 설치된 난공불락의 요새인 마지노선을 피해 벨기에 쪽으로 침공할 것이라 예상하고 수십만 명의 병력과 전차, 야포 등을 벨기에에 파견했다. 하지만 독일군이 벨기에와 마지노선 사이의 아르덴 숲을 빠르게 돌파해 파리와 벨기에 사이의 보급선을 끊어 버리자 벨기에에 있던 영국군은 완전히 고립되고 말았다.

바로 이때 영화로도 만들어진 됭케르크에서의 필사적인 탈출 작전이 이루어졌다. 독일 공군의 폭격, 유보트의 어뢰 공격을 무릅쓰고 군함은 물론 어선들까지 총동원되어 이루어진 이 탈출 작전에서 26만 명의 영국군과 7만 명의 프랑스군이 간신히 바다를 건너 영국으로 탈출할 수 있었다. 그러나 무기를 죄다 버리고 몸만 왔기 때문에 영국에는 변변한 무기도 없었다. 더구나 됭케르크 철수 얼마 뒤 프랑스가 항복하면서 유럽 대륙 전체가 사실상 독일에게 모두 점령당하고 섬나라 영국만 외롭게 남아 있는 상태가 되어 버렸다. 반격은 꿈도 꾸지 못했고, 그저 항복하지 않으며 계속되는 독일의 공습에 버틸 뿐이었다.

영국 공군은 바다를 건너오는 독일 공군과 사력을 다해 맞서 싸웠다. 런던은 독일 공군의 공습과 V2 미사일의 공격으로 잿더미가 되었다. 그런데 히틀러는 영국의 숨통을 완전히 끊어 버리는 대신 병력을 돌려 소런을 침공했다. 영국은 기사회생의 기회를 잡았다. 또 엄청난 인구와 생산력을 가진 미국이 참전했다. 이로써 전쟁의 균형추가 연합국 쪽으로 기울었다. 결국 1944년 11월, 영국·미국 연합군이 노르망디에 상륙하면서 프랑스가 해방되었고, 1945년 5월, 히틀러의 자살과 함께 독일이 항복하면서 제2차 세계대전은 수천만 명의 엄청난 인명 손실을 남기고 연합국(영국, 프랑스, 미국)의 승리로 막을 내렸다.

청산하지 못한 제국주의

승전국이 되긴 했지만 영국이 받은 타격은 엄청났다. 제1차 세계대전의 상처가 아물기도 전에 또다시 큰 전쟁을 치름으로써 재정이 엉망이 되었다. 독일의 공습으로 생산 시설이 파괴되어 산업 생산력도 뚝 떨어졌고, 전쟁에 필요한 물자를 미국에서 수입하면서 막대한 외채도 걸머지었다. 빚만 잔뜩 떠안은 영국은 식민지 유지 비용을 감당할 수 없었고, 이들을 독립시킬 수밖에 없었다. 그렇다고 자발적으로 독립시킨 것은 아니다. 케냐에서 마우마우 항쟁으로 알려진 식민지 민중의 거센 저항을 잔혹하게 진압하기도 했다. 다만 비용을 감당할 수 없었을 뿐이다.

식민지 없는 영국은 어색했다. 영국은 17세기 이래 민족 단위의 국가를 경험하지 못했다. 영국은 늘 여러 나라를 하나의 사슬로 엮은 제국이었으며, 수백 년 만에 처음으로 속국이나 식민지 없이 본국의 힘만으로 살아야 하는 낯선 상황에 처했다. 식민지 체제에 맞춰 놓은 각종 산업과 경제 체제가 삐걱거렸다.

영국인들을 더 힘들게 한 것은 영국이 더 이상 세계를 이끄는 나라가 아님을 받아들이는 것이었다. 그 계기는 한때 영국 식민지였던 이집트의 독재자 나세르가 영국과 프랑스의 소유인 수에즈 운하를 무력으로 점거한 사건이다. 두 나라는 즉각 군대를 보내 수에즈 운하를 되찾았지만, 이집트를 비호하던 소련의 압력, 그리고 소련과의 충돌을 부담스러워한 미국의 요청으로 소득 없이 물러나야 했다. 미국의 차관이 없으면 전후 재건이 어려웠던 영국과 프랑스는 이를 받아들일 수밖에 없었다. 더 이상 세계 1, 2위의 강대국이 아닌데, "나 아직 죽지 않았어"식의 본때를 보여 주려다 망신만 당했다. 수에즈 철수 사건은 대영제국은 저물었을 뿐 아니라 영국이 세계 4, 5위권의 나라가 되었음을 받아들이게 만들었다.

영국은 대영제국을 유지할 수 없음을 만천하에 드러내고 식민지에서 철수했다. 하지만 정복하고 통치할 때의 치밀함을 물러날 때는 전혀 발휘하지 않았다. 뒷정리를 제대로 하지 않은 것이다. 갑자기 종주국이 떠나면서 준비 없이 독립국가가 된 옛 식민지들은 혼란에 빠졌으며, 그들 나름의 역사와 문화를 무시하고 영국의 통치 편의대로 구획했던 식민지의 경계가 국경선으로 바뀌면서 수많은 갈등과 내전이 일어났다. 영국은 프랑스와 더불어 아직까지도 국제 뉴스를 피로 물들이는 민족 갈등, 종교 갈등의 원인 제공자가 되었고, 그 책임은 독일이나 일본에 비해 가볍지 않다. 그런데 우리는 일본의 제국주의 청산이 부족하다며 비난하지만, 일본보다 훨씬 더 비난받아 마땅한 영국, 프랑스는 문제 삼지 않는다. 영국이 제국주의를 제대로 청산하지 않은 결과 세계에 남겨 놓은 끔찍한 유산들을 살펴보자.

● 일제강점기의 원인 제공자?

일본의 조선 침략을 든든하게 보장해 준 강력한 조력자가 영국이라
는 것은 잘 알려져 있지 않다. 가쓰라-태프트 밀약이 더 많이 알려지면
서 미국이 일본의 조선 침략을 밀어준 것으로 알고 있는데, 이 밀약은 러
일전쟁의 승리로 일본의 동아시아 패권이 거의 확정된 다음의 일이다. 무
엇보다 당시 미국은 세계 정세를 좌우할 만한 위치에 있지도 않았다.

오히려 영국과 일본은 '밀약'이 아니라 공식적인 동맹인 영일동맹을
체결했다(1902). 영국은 조선에서의 일본의 이권을 확고하게 지지했으며,
그 대가로 일본은 영국의 중국에서의 이권을 지지했다. 군사적 관계도 돈
독했다. 처음에는 영국, 일본 중 어느 한쪽이 둘 이상의 나라와 교전하게
되면 자동으로 군사 지원을 하기로 약속했고, 1905년 이후에는 두 나라
중 하나가 다른 나라와 전쟁을 하면 무조건 따라서 참전하는 공수동맹
을 맺었다. 한마디로 영국은 일본이 러시아와 독일의 아시아 진출을 막
는다면 한반도와 만주에서 무슨 짓을 하더라도 봐주겠다는 승인을 한
셈이다. 영국은 일제강점기의 조연이 아니라 오히려 총감독에 가깝다.

이 모든 과정이 밀약이 아니라 공인된 협정과 조약으로 공표되었음
에도 불구하고 헤이그에 밀사를 보낸 고종과 당시 조선 지도부의 국제 정
세에 대한 무지함이 안타깝다. 영국이 공인하고 있는데, 당시 세계 어느
나라가 감히 영국의 뜻을 거스르며 일본을 비난할 수 있었을까?

● 분할 통치가 남긴 상처들

식민지를 분열시켜 통치하는 영국의 분할통치는 식민 통치가 끝난

이후 엄청난 갈등과 비극의 원인이 되었다. 영국의 분할통치 수법은 억압받거나 열등한 위치에 있던 소수민족, 소수집단을 식민 통치 부역자로 적극 활용하는 것이었다. 이는 아프리카의 3분의 1이나 되는 드넓은 식민지를 불과 수천 명의 영국군으로 통제할 수 있을 정도로 효율적이었다.

본국보다 스무 배나 큰 인도에서도 영국은 피지배층이었던 힌두교도들을 이용해 지배층이었던 무슬림을 통치했다. 반대로 버마(오늘날의 미얀마)에서는 무슬림인 로힝야족, 케렌족을 동원해 주류 집단이었던 불교도들을 지배했다. 말레이시아에서는 소수인 화교를 파트너로 삼아 다수인 무슬림을 지배했다. 이런 식으로 영국은 소수집단을 교묘히 동원해 주류 집단을 통치하는 데 이용했고, 식민지 주민은 영국보다 이 소수집단을 더 미워하게 되었다.

제2차 세계대전 이후에 문제가 터졌다. 영국을 등에 업고 식민 통치에 협력했던 소수민족은 자기만의 작은 나라를 별도로 세우기를 희망했다. 이 상태로 독립국가가 되면 보복당할 것이 두려웠던 것이다. 식민 통치의 희생자였던 다수 민족은 소수민족을 자기네 영토 안에 포함시켜야 한다고 주장했다. 소수민족에게 보복하고 그들의 땅까지 빼앗을 속셈이 뻔히 보였다. 영국은 이 갈등을 제대로 조정하지 않고 무책임하게 손을 떼 버렸다. 갑자기 종주국이 사라진 식민지에 남은 것은 이제 분할통치 때문에 수십 년간 쌓인 갈등과 분노가 폭발하는 것뿐이었다.

영국이 떠난 인도는 힌두교와 무슬림 간의 갈등, 그 밖에 여러 소수민족과 종족 간의 갈등이 터지면서 수십 년간의 피의 윤회를 겪어야 했다. 이 갈등은 인도가 네 개의 나라로 갈라지고(인도, 파키스탄, 방글라데시, 스리랑카) 국부 네루 집안 출신 총리들이 잇따라(인디라 간디, 라지브 간디) 암살 당할 정도로 심각했다.

버마에서는 억압받았던 다수 민족 버마족이 식민 지배 계층에서 소수민족으로 전락한 로힝야족, 케렌족에 대해 인종 청소에 가까운 탄압을 가했다. 로힝야족, 케렌족 역시 무력으로 저항했다. 이 과정에서 군사정권이 수립되었으며, 이 군사정권은 지금까지도 소수민족은 물론 민주주의를 요구하는 자국민까지 무참하게 학살하고 있다.

영국이 떠난 말레이시아에서는 차별받았던 무슬림이 다수가 되어 소수로 전락한 화교를 억압하고 차별했다. 이들은 화교가 인구의 다수를 차지하고 있던 싱가포르주를 말레이시아 연방에서 축출해 버렸고, 연방에 잔류한 화교에게는 온전한 시민권을 부여하지 않았다. 아직까지도 이 차별이 남아 있다. 다만 화교가 여전히 경제권을 장악하고 있고, 축출한 싱가포르가 몰락하는 대신 세계 최고 부국 중 하나가 되면서 버마에서와 같은 유혈 충돌이 일어나지 않았을 뿐이다.

영국이 떠난 아프리카에서는 최악의 인종 학살(제노사이드)이 빈번하게 일어났다. 종교, 문화, 종족이 다른 서부 아프리카 여러 지역을 묶어서 만든 영국령 나이지리아는 1960년 그대로 독립하면서 수많은 부족의 갈등으로 쿠데타와 내전이 끊어지지 않는 나라가 되어 버렸다. 수단에서 역시 아랍인이 살던 북부와 흑인이 살던 남부의 갈등이 폭발했다. 이 내전은 남수단이 따로 독립해 나갈 때까지 계속되었다. 그 밖에도 르완다, 짐바브웨, 남아프리카 공화국 등 영국의 식민지였다가 독립한 아프리카 나라들은 아직까지도 내전과 학살에 시달리고 있다.

중동 지방이 20세기 내내 세계의 화약고로 불리고 아직도 폭탄이 난무하게 만든 원흉도 영국이다. 제1차 세계대전 당시 영국은 아랍 세력과 유대인의 지원을 받기 위해 유대인들에게는 이스라엘에 유대인 국가 수립을, 아랍 민족에게는 아랍 국가 수립을 약속했다. 하지만 막상 전쟁이 끝나고 영국은 두 약속을 모두 지키지 않았고, 오히려 이 지역을 위임통치라는 명분으로 식민지로 삼아 버렸다.

　　그런데 유럽에서의 차별에 지친 유대인들 중 아예 이 지역의 땅을 매입해 이주하는 사람들이 늘어났다. '자유 시장경제의 원조' 영국이 내 돈 주고 땅 사서 이사 오겠다는 사람들을 막을 수는 없었다. 제2차 세계대전 이후에는 대량 학살의 참변을 겪은 유대인들의 이주 러시가 이어졌다.

　　이런 식으로 이주하는 유대인이 늘어나면서 원래 살던 아랍인(팔레스타인)들과의 갈등이 심해졌다. 영국은 이 갈등을 조정하지 못하고 국제연합에 떠넘겨 버렸다. 결국 이스라엘과 아랍은 무려 네 차례나 중동전쟁을 치르게 되었고, 이 전쟁에 미국과 소련마저 간접적으로 개입하면서 세계의 화약고가 되었다. 이스라엘이 승리해 영토를 확정 짓고 나라를 세웠지만, 팔레스타인도 순순히 물러나지 않고 테러와 게릴라전으로 응전했다. 이스라엘은 그 보복으로 팔레스타인 거주 지역을 공격해 민간인까지 살상했다. 그러면 다시 그 보복으로 테러가 터졌다. 이런 식으로 이어지는 피의 악순환은 아직까지도 계속되고 있다.

　　그 밖에도 이슬람교의 다양한 종파를 고려하지 않고, 영국, 프랑스, 그리고 아랍 지배 세력의 이해관계만으로 그어진 국경선 때문에 적대적 종파들이 한 나라에 속하면서 갈등과 분쟁이 끊임없이 일어났다. 이란-

이라크 전쟁, 이라크 내전, 시리아 내전 등이 계속 이어지면서 유럽은 이 지역에서 밀려 들어오는 전쟁 난민 문제로 몸살을 앓고 있다. 그런데 영국은 자기들이 이 문제의 근본적인 원인 제공자임에도 불구하고 난민 수용에 거부감을 드러냈고, 이를 요구하는 유럽연합에서 탈퇴하는 브렉시트를 감행하는 등 끝까지 무책임한 모습을 보였다.

대영제국에서 유럽 속의 영국으로

● **복지국가의 건설과 영국병**

전후 영국 역사에서 일어난 가장 큰 변화는 노동당의 급성장이다. 노동당이 이토록 급성장한 배경은 전쟁 이후 어려워진 영국 경제다. 전쟁 이후 경제가 어렵기는 유럽 어디나 마찬가지였지만 영국은 워낙 높은 곳에서 추락한 탓에 그 충격이 더 컸다.

이때 노동당의 지도자 클레멘트 애틀리가 은행의 국유화, 귀족원(상원)의 폐지, 탄광, 가스, 전력, 철도 등 주요 기간산업과 인프라의 국유화를 통한 요금 인상 억제 등 그야말로 사회주의적 정책을 들고 나왔다. 무엇보다도 노동당의 인기를 높여 준 정책은 대규모의 보편적 사회복지 제도였다. 경제학자 베버리지가 작성한 '베버리지 보고서'에 나오는 유명한 말 "요람에서 무덤까지"로 상징되는 이 제도는 전 국민에게 무상 의료를 제공하는 것으로 첫 삽을 떴다. 이 제도가 오늘날까지도 남아 있는 국민의료서비스NHS다. 이런 노동당의 정책은 노동계급뿐 아니라 그 못지않은 빈곤에 당황하던 중산 계급에게도 박수를 받았다.

　　제2차 세계대전이 끝난 후 치러진 1945년 7월 선거에서 노동당은 제2차 세계대전 승리의 상징인 윈스턴 처칠을 누르고 역사상 처음으로 단독 과반수 의석을 획득했다. 이는 영국에서 좌파 정당이 선거로 권력을 획득한 최초의 사례다. 하지만 막상 정권을 잡고 보니 세상이 노동당 생각 같지 않았다. 갚아야 할 엄청난 전쟁 부채가 기다리고 있었고, 이걸 처리하고 나니 복지 정책을 펼칠 여력이 없었다. 하지만 "요람에서 무덤까지"라는 말에 표를 던진 국민은 약속 이행을 요구했고, 노동자들은 파업에 나섰다. 실망한 영국인들은 1951년, 다시 보수당의 처칠을 총리로 선출했다. 하지만 보수당도 "요람에서 무덤까지"에 대한 기대를 되돌릴 수 없었다. 이후 13년간 보수당 정권이 계속 이어졌는데, 노동당의 구호였던 복지 제도가 역설적으로 보수당 정권을 통해 완성되었다.

　　복지 제도로는 차별성을 드러내지 못한 노동당은 더욱 선명한 좌파적 정책인 기간산업 국유화를 내걸고 다시 권력을 잡았다. 당시 영국은 낡고 시대에 뒤떨어져 경쟁력을 상실한 기업들을 정리하는 구조조정이 필요한 시기였다. 하지만 이는 대규모 정리 해고를 가져오기 때문에 노동자들의 반발이 컸다. 노동당은 이런 기업들을 국유화함으로써 유지시켰고, 실업의 공포에서 벗어나게 된 많은 노동자들은 이를 열렬히 환영했다. 금융, 건설, 운수, 조선 분야의 기업들이 속속 국영기업으로 바뀌었다. 노동당은 국민기업위원회를 설치해 사회주의 계획 경제를 실시했다.

　　결과는 최악이었다. 경쟁력을 상실한 기업의 적자를 국가가 뒤집어쓰고, 갈수록 늘어나는 복지 비용까지 보태지면서 재정 적자와 무역 적자가 눈덩이처럼 불어났다. 낙후된 기술, 비효율적인 경영, 과도한 복지 비용, 잦은 노사분규로 상징되는 이른바 '영국병'이다. 여기에 석윳값이 급등하는 오일쇼크까지 겹치면서 영국은 실업률이 10%가 넘는데 물가 상승률마저 20%가 넘는 스태그플레이션으로 휘청거렸고, 1976년 국제통화기금IMF의 긴급 금융 구제를 받는 처량한 신세로 전락했다.

● 대영제국에서 유럽 연합의 구성국으로

노동당이 실패하면서 1979년 보수당이 다시 권력을 차지했다. 이때 등장한 인물이 '철의 여인'이라 불리는 마거릿 대처 총리다. 대처는 영국 최초의 여성 총리이며, 유럽 최초의 여성 국가 지도자다. 대처는 과감한 시장주의 경제정책을 펼쳤다. 대처노믹스라고도 하는 이 정책은 정부의 규모를 줄이고, 많은 부분을 민영화함으로써 경제를 시장에 맡기는 것이었다.

주요 국영기업이 민영화되고 복지가 까다로운 심사를 통한 선별 복지로 바뀌면서 정부의 복지 비용 지출이 줄어들었다. 반대로 부자들의 소득세, 기업의 법인세를 인하해 투자를 촉진하고, 부족해진 세수를 보충하기 위해 부자나 가난한 사람이나 같은 액수를 내는 소비세 등 간접세를 인상했다. 탄광, 철강 등 개발도상국들과 경쟁이 되지 않는 산업 부문은 과감하게 정리했다. 그 결과 맨체스터, 리버풀, 뉴캐슬 같은 제조업 기반 도시들이 몰락했고 많은 노동자가 일자리를 잃었다. 이들은 대규모 파업과 시위로 저항했지만 대처는 눈 하나 깜짝 않고 이들을 강경하게 진압했다.

그럼에도 대처가 높은 지지율을 기록하며 재집권에 성공할 수 있었던 것은 1982년, 본토에서 1만 킬로미터 이상 떨어져 있는 영국령 포클랜드를 점령한 아르헨티나에 대해 강경한 전쟁으로 맞서 승리한 '포클랜드 전쟁' 때문이다. 이 전쟁의 승리로 영국은 그동안 땅에 떨어진 위신과 자존심을 어느 정도 회복할 수 있었다. 이 전쟁을 이끌면서 대처는 '철의 여인'이라는 별칭을 얻게 되었다. 때맞춰 영국의 경제성장률도 회복되고 인플레이션도 가라앉는 등 영국병도 치유되었다. 하지만 그 과정에서 빈부 격차와 지역 간의 격차가 커졌고, 경제 성장의 과실은 대부분 부유층과 런던 지역만 챙겼다는 비판의 목소리도 높아졌다.

대처는 1990년, 유럽연합 가입에 반대하다 당내 다수파의 반발을 사면서 자리에서 밀려났다. 대처는 경제적으로는 자유주의자였지만 정치, 외교적으로는 철저히 보수적이었다. 대처는 여전히 영국은 유럽과 어느 정도 거리를 두면서 필요할 때만 개입해야 한다는 전통적인 외교정책, '명예로운 고립'을 고수했다. 대영제국의 영광을 기억하는 보수주의자에게 영국이 프랑스가 주도하는 유럽 연합의 일개 구성국으로 가입한다는 것은 체면이 상하는 것이었다.

대처가 유럽 연합 가입을 거부한 데는 감정적 앙금도 있었다. 유럽 여러 나라가 유럽경제공동체EEC를 결성해서 번영하고 있을 때 영국도 여기 가입하고자 했지만 프랑스 대통령 샤를 드골의 반대로 번번이 무산되었다. 영국은 1973년에야 간신히 유럽경제공동체에 가입했지만 두 나라 사이에 깊은 감정적 앙금이 생겼다.

외교 전략상의 이유도 있었다. 1970년대까지 프랑스는 유럽이 미국,

위: '철의 여인' 마거릿 대처
아래: 포클랜드 전쟁 기념관

소련 냉전의 양극 사이에서 제3의 독자 세력이 되어야 한다고 주장했다. 하지만 대처의 외교 방침은 미국과의 철저한 동맹으로 소련의 위협을 막고 자유를 지키는 것이었다. 그러니 유럽경제공동체를 넘어 정치적인 연합인 유럽연합에 영국이 가입하는 것이 부담스러울 수밖에 없었다. 문제는 경제였다. 영국 경제가 다시 번영하려면 유럽이라는 거대한 공동의 시장이 반드시 필요했다. 그리고 상황은 유럽경제공동체의 과실을 계속 나눠 먹으려면 유럽과 정치적인 공동체가 되어야 하는 쪽으로 흘러갔다.

대처 이후 정권을 잡은 토니 블레어 총리는 노동당 소속임에도 불구하고 오히려 대처의 신자유주의 경제정책을 계속 이어 갔으며, 외교적으로는 유럽연합 구성국으로서의 영국을 추구했다. 유럽연합의 구성국이 되면서 영국 경제는 더욱 빠르게 성장했다. 미국과 유럽을 연결하는 허브 나라가 된 것이다. 많은 글로벌 기업과 금융사가 유럽 지사를 런던에 설치하는 등 런던은 다시 세계 경제의 중심지 중 하나가 되었다. 하지만 이 번영은 주로 금융업과 서비스업, 그리고 런던에 집중되었다. 제조업 분야의 침체는 여전하거나 오히려 더 심해졌고, 런던을 제외한 전통적인 산업 도시들 역시 빠르게 쇠퇴했다.

브렉시트

쇠퇴하는 산업 분야, 쇠퇴하는 도시들을 중심으로 실업자나 저소득층이 늘어났다. 그런데 이들을 대변하는 정치 세력이 사라졌다. 이들에게는 복지 제도나 사회적 안전망이 필요했지만 보수당은 이것들을 '영국병'

유럽연합 안의 영국을 추구했던 토니 블레어

으로 규정했다. 물론 이 기간 동안 노동당의 토니 블레어가 10년간 장기 집권했지만 그는 전통적인 노동당의 정책을 버리고 '신자유주의'에 가까운 정책을 펼치며 이를 '제3의 길'이라고 불렀다.

경제적으로 어려운 계층이 늘어나고, 이들을 좌파 정당에서 제대로 대변해 주지 않을 경우 '혐오의 정치'가 발생하기 쉽다. 미국에서 가난한 백인 노동자들이 인종차별주의, 여성 혐오에 휩쓸린 것과 마찬가지로 영국에서도 가난한 노동자와 실업자들이 '반이민주의' 정서에 휩쓸려 들어갔다. 유럽연합에 가난한 동유럽 국가들이 가입하면서 이곳 출신 이민자들이 영국에 몰려들어 일자리를 빼앗아 가며, 무엇보다도 복지 제도의 혜택을 가로채고 있다는 것이다. 이 주장은 사실과 다르다. 영국 의료보험 서비스의 예를 들면, 동유럽 이주 노동자들은 주로 일자리를 찾아 온 것이기 때문에 고령층도 드물고 고용률도 높다. 따라서 동유럽 이주민들은 복지 혜택을 보는 쪽이 아니라 세금과 보험료를 납부하는 쪽이다. 오히려 복지 혜택을 누리는 쪽은 상대적으로 고령자가 많은 영국인이다.

그러나 이런 문제에는 합리적 설득이 잘 통하지 않는다. 더구나 중동 지역이 내전으로 엉망이 되고 수만 명의 난민이 유럽으로 건너오고, 유럽연합에서 독일, 프랑스, 영국 등 주요 선진국에게 난민의 수용을 할당하자 혐오 정서에 불이 붙었다. "동유럽 이민으로도 모자라 무슬림까지? 이 모든 것이 유럽연합 때문이다"라는 식의 선동이 난무했다.

2015년 총선에서 유럽주의자로 알려진 보수당의 데이비드 캐머런 총리는 소신을 버리고 들끓는 반유럽 여론에 굴복했다. 보수당이 총선에서 승리하면 유럽연합의 탈퇴 여부를 국민투표에 부치겠다고 공약한 것이다. 보수당은 총선에서 단독으로 과반 의석을 획득하며 승리했고, 캐머런 총리는 공약 이행을 위해 2016년 6월 23일 전 영국 국민을 대상으로 유럽연합 탈퇴 여부를 묻는 국민투표를 실시했다. 이를 영국Britain이 유럽연합을 나간다exit는 의미로 브렉시트Brexit 찬반 투표라 부른다.

캐머런은 총선 승리를 위해 브렉시트 국민투표를 공약으로 내걸었으니 실시할 수밖에 없었다. 하지만 캐머런을 포함한 보수당과 그 반대편의 노동당 모두 브렉시트가 부결될 것이라 생각했다. 영국이 유럽연합을 탈퇴하면 유럽 단일 시장이라는 거대한 시장을 잃어버리고, 유럽과 다른 나라들 사이의 금융 허브 국가로서의 지위도 잃어버리기 쉬우니 국민들이 그런 불리한 선택을 하지 않을 것이라 생각한 것이다.

하지만 대중 정서는 이들의 생각과 전혀 달랐다. 이미 합리적 판단이 불가능해진 영국인들에게 유럽연합은 동유럽 이주민과 중동 난민이 영국으로 몰려오도록 유도해서 자기들 일자리와 복지 혜택을 가로채게 만드는 거간꾼에 불과했다. 또한 이들에게 유럽연합은 꼴 보기 싫은 프랑스가 두목 노릇을 하고, 심지어 패전국 독일이 목소리를 높이면서 영국의 자존심을 구기는 곳이기도 했다. 이런 정서가 확산되면서 브렉시트가 가결되고 말았다. 유럽은 물론 온 세계가 충격을 받았다.

캐머런 총리는 국민투표 결과가 브렉시트 찬성으로 나왔음에도 불구하고 이를 이행하는 것을 포기했다. 누가 이걸 감히 하겠는가? 후임인 테리사 메이 총리는 유럽연합을 탈퇴하면서도 경제적으로는 유럽과의 연대를 유지하는 방법을 찾으려 애썼다. 하지만 유럽연합은 이를 받아들이지 않고, 남으려면 남고, 나가려면 날짜를 정해서 정확하게 나가라는 강경한 태도를 취했다. 결국 영국은 국민투표로 브렉시트 선언만 하고, 유럽연합에 남지도 나가지도 않은 어정쩡한 상태로 시간만 보냈다. 이 와중에 대중의 반유럽, 반이민 정서에 편승한 보리스 존슨이 총리가 되면서 다시 브렉시트를 추진했고, 결국 2020년 12월 24일 영국은 유럽연합에서 정치적으로, 경제적으로 완전히 분리되었다.

브렉시트가 유럽과 영국에 어떤 결과를 가져올지는 아직 알기 어렵다. 다만 유럽연합은 강국인 영국이 빠져나가면서 그 위세가 현저히 약해지고, 영국은 관세 없이 공유하던 유럽이라는 큰 시장과 분리되면서 경제적으로 큰 손실이 불가피할 것으로 보인다.

영국의
미래

영국은 미래라는 말과 잘 어울리지 않는 나라다. 좋게 말하면 영광스러운 과거를 잘 간직한 나라, 나쁘게 말하면 과거에 사로잡힌 낡은 나라라는 느낌이 강하다. 하지만 영국은 결코 과거의 영광을 추억하며 쇠락하는 나라가 아니다. 영국은 여전히 큰 저력을 가지고 있는 나라이며 앞으로도 발전 가능성이 있는 나라다.

단 영국의 미래는 다른 나라들과의 관계를 어떻게 맺는가에 달려 있다. 영국은 역사적으로 무역과 외교의 나라로 유럽 여러 나라의 세력 관계 속에서 교묘하게 실리를 챙겨 왔다. 영국은 늘 다른 나라들과의 관계 속에서 살아왔으며 앞으로도 그래야 하는 나라다. 그 관계가 여러 나라를 거느리는 제국이든지 여러 나라와 대등한 관계를 맺는 연합이든 말이다. 하지만 영국은 더 이상 제국이 될 수 없다. 그렇다면 연합 속에서 살아야 한다. 아직도 '영광스러운 고립'을 할 수 있었던 제국 시대의 기억에 사로잡힌 사람이 많다. 그런 점에서 브렉시트를 선택한 영국의 미래는 안갯속에 있다. 그래서 영국은 미국, 일본, 오스트레일리아, 인도 등과 관계를 돈독히 하며 유럽 바깥에서 새로운 연합을 형성하고 그 일원이 되려는 움직임을 보여 주고 있다. 하지만 그것이 유럽연합 구성국일 때만큼의 이득을 줄 수 있을 것 같지는 않다. 결국 영국의 미래는 유럽과의 관계를 어떻게 설정하느냐에 달려 있다.

역사는 영국의 장점이 '우리 것이 최고'라는 식의 고집을 부리지 않고, 세계 곳곳에서 좋은 것은 아낌없이 받아들여 자기 것으로 소화시킨 개방성에 있음을 보여 준다. 영국은 저력 있는 나라다. 세계 제국을 경영했던 나라이며, 그 과정에서 무수한 경험과 유산을 계승해 온 나라다. 하지만 영국의 미래는 그 제국의 기억과 얼마나 슬기롭게 단절하느냐에 달려 있다. 제국의 경험은 계승하고 그 기억과는 단절할 수 있을 때 영국의 미래가 밝게 열릴 것이다.

영국에서
조심해야 할 것들

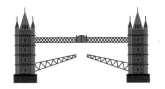

● **소리**

영국인은 입을 크게 벌리고 호탕하게 말하거나 웃는 것을 좋아하지 않는다. 때로 미국인
들은 "영국인의 경직된 윗입술"이라고 조롱하기도 한다. 말할 때마다 입 크기가 신경 쓰
인다면? 말 자체를 줄이는 것이 상책이다. 영국에서는 많은 경우 '웅변은 은이고 침묵은
금'이다. 식사 시간에도 입을 되도록 조금 벌리고 먹는다. 호쾌하게 음식을 한입에 먹는
다거나, 술을 벌컥벌컥 들이키거나 하는 행동은 환영받지 못한다. 물론 트림을 하는 것
은 굉장히 야만적인 행동으로 비춰진다. 그런데 엉뚱하게 공공장소에서 아무렇지도 않
게 코는 푼다. 입이 아니라 괜찮은 모양이다.

● **간섭하지 않기**

영국인들은 간섭을 싫어한다. 세상에 간섭을 좋아하는 사람은 없겠지만, 영국인들은 그
정도가 훨씬 심하다. 영국인이 간섭이라고 느끼는 범위는 우리 생각보다 훨씬 넓다. 이
들이 자주 쓰는 표현인 "Not of your Business"라는 말처럼, 내 일이 아니라면 아예 관심
을 안 가지는 게 상책이다. 이를 영국인들은 "시민적 무관심"이라고 한다. 이게 너무 어
렵다면 다음 세 가지만 신경 쓰자.

❶ 소개받기 전에 아는 척하지 않기
❷ 상대방이 말하기 전에 개인적인 정보 묻지 않기
❸ 거절하는 사람에게 연거푸 권유하지 않기

- Excuse me, Thank you, I'm sorry

영국인들이 거의 본능처럼 사용하는 세 문장이다. 영어를 잘 못해도 좋다. 이 세 문장만 상황에 맞게 사용한다면, 웬만한 상황에서는 부드럽게 넘어갈 것이다. 쑥스럽더라도 버릇처럼 사용하자. 좀 과하다 싶을 정도로 자주 사용해도 상관없다. "뭐 이런 걸 가지고?" 싶을 때도 그냥 쓰자.

- 줄 잘 서기

영국인은 줄 서기를 중요하게 생각한다. "줄 서기는 영국인의 취미다"라는 말이 있을 정도다. 영국에서 줄 서기는 line이 아니라 queue(큐)라고 한다. 사람이 많은 곳에서 누군가가 "큐!"라고 외치면 줄을 서라는 뜻이다. 버스나 지하철을 탈 때, 가게에서 물건을 살 때 등 두 사람 이상이 있으면 반드시 줄을 선다. 줄 서기에 대한 집단적 압력도 대단하다. 누군가가 새치기를 하면 그 사람 때문에 피해를 본 뒷사람뿐 아니라, 줄 앞의 사람들까지 거세게 비난한다. 새치기뿐 아니라 줄 간격을 좁히는 행위도 무척 싫어한다.

영국인은 줄을 잘 설 뿐 아니라 줄을 잘 견딘다. 아무리 순서가 천천히 진행되어도, 앞사람이 시간을 질질 끌면서 민폐를 끼쳐도 묵묵히 기다린다. 대신 자기 차례가 되었을 때는 철저히 그 차례에 주어지는 권리를 누린다. 뒷사람이 기다릴까 봐 서두르지 않는다. 오래 기다린 만큼 자기 시간을 최대한 사용한다.

그러니 줄이 있으면 무조건 줄을 서고, 줄이 늦게 빠진다고 초조해하지 말고 음악을 듣거나 책을 보면서 느긋하게 기다리자.

혁명의 나라,
자유와 혐오 사이에서

프랑스

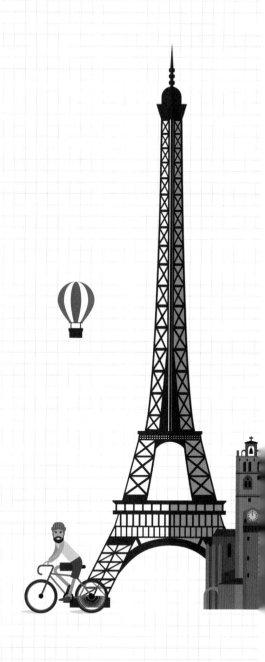

프랑스에
대한 오해

프랑스는 자유의 나라?

보통 영국이라고 하면 질서 있고 딱딱한 분위기, 프랑스라고 하면 자유분방한 분위기를 떠올린다. 역사적으로도 프랑스는 '자유'라는 단어와 함께 자주 등장했다. 프랑스혁명의 으뜸 구호도 '자유, 평등, 박애'였고, 프랑스를 상징하는 그림으로 손꼽는 들라크루아의 유명한 그림 제목도 '민중을 이끄는 자유의 여신'이다. 프랑스 사람들은 이 그림 속 자유의 여신의 모델로 알려진 마리안느라는 여성을 기념해 나라 곳곳에 '마리안느상'을 세워 프랑스의 상징으로 만들었고, 당대 가장 아름다운 여배우에게 마리안느라는 호칭을 내리기도 한다. 뉴욕에서 가장 유명한 상징물 중 하나인 '자유의 여신상' 역시 프랑스의 여러 마리안느상과 같은 종류로 프랑스에서 만들어 미국에 선물한 것이다. 실제로 프랑스에 가면 뉴욕의 여신상보다 크기만 작을 뿐 거의 비슷하게 생긴 자유의 여신상 원형을 많이 찾아볼 수 있다.

위: 민중을 이끄는 자유의 여신
아래: 파리에 있는 마리안느상

자유의 여신이 들고 있는 삼색기가 상징하는 자유(파랑), 평등(하양), 인류애(빨강)는 전 세계로 퍼져 나가 우리가 기본권이라 부르는 인권의 원형이 되었다. 이런 이미지가 워낙 강렬한 덕에 프랑스는 근대 민주주의의 정신을 상징하는 나라가 되었다. 그런데 의외로 프랑스는 개인주의나 자유주의보다는 공동체주의가 강한 나라다. 영국과 비교하면 그 차이가 분명히 드러난다. 영국인들은 개인의 책임을 중요시하고 다른 사람에 대해 무관심한 태도를 취하지만, 프랑스 사람들은 공동체의 이름으로 압력을 행사하는 경우가 드물지 않다. 공동체 전체를 위해 개인의 사사로운 욕구를 포기해야 한다는 집단적 압력도 제법 있다. 물론 이것이 부정적인 결과를 가져오는 것은 아니다. 프랑스 사람들은 공중도덕, 공공질서에 대단히 민감하며 어릴 때부터 이를 엄격하게 교육한다. 공공장소에서 어린이가 소란을 부리거나 함부로 행동하면 무시무시하게 돌변하는 프랑스 부모의 모습을 흔히 볼 수 있다. 프랑스는 자유와 낭만의 나라라고 착각하여 공중도덕을 무시하고 멋대로 행동했다가는 세계에서 가장 불친절하기로 악명 높은 프랑스 공무원의 무뚝뚝한 모습을 구경할 수도 있다.

프랑스인은 화려하고 세련됐다?

프랑스 하면 화려하고 세련된 멋을 떠올린다. 파리 주민이라는 뜻밖에 없는 '파리지앵Parisien'이 '멋쟁이'라는 의미로 사용되기도 한다. 실제로 프랑스에는 화려하고 세련된 곳이 많다. 이른바 명품 브랜드 중 절반 이상이 프랑스 브랜드다. 명품이라는 개념 자체가 프랑스에서 비롯된 것이기도 하다. 세계 최고의 레스토랑을 선정하는 잡지가 프랑스에서 발간하는 '미슐랭 가이드'인 것에서도 알 수 있듯, 파인 다이닝이라 일컫는 미식 문화의 대표 역시 프랑스다.

그런데 막상 파리지앵의 실제 생활은 우리가 생각하는 것보다 훨씬 소박하고 검소하다. 프랑스 사람들이 멋 내는 것을 좋아하지 않는다거나, 알뜰하고 검소한 생활방식 때문에 그런 것은 아니다. 확실히 파리 사람들은 멋지게 꾸미고 다니는 것을 좋아한다. 문제는 비용이다. 파리는 물가가 양극화되어 있는 도시다. 검소하게 생활하기로 마음먹으면 서울보다 생활비를 덜 들이고 살 수도 있다. 하지만 문제는 중간이 없다는 것이다. 값비싼 명품 브랜드가 즐비한 나라지만 막상 평소 입을 옷은 그런 브랜드들과 아무 관계없는 저렴한 제품을 구입해야 한다.

그럼에도 불구하고 파리지앵은 멋쟁이들이다. 파리에서 마주치는 시민 중 대충 입고 나다니는 사람들은 거의 없다. 진정한 멋쟁이는 명품을 많이 입는 사람이 아니라 값나가지 않는 옷이라도 때와 장소에 맞게 멋지게 입을 줄 아는 사람들이라는 것을 이들처럼 잘 보여 주는 사례는 없을 것이다.

프랑스는 사랑과 낭만의 나라?

프랑스, 특히 파리라고 하면 사랑과 낭만이라는 말이 떠오른다. 가로등이 어슴푸레하게 켜진 세느강의 밤거리 하면 자연스럽게 사랑에 빠진 연인들을 떠올리기 마련이다. 세느강의 강줄기에 사랑을 빗대 아름답게 표현한 기욤 아폴리네르의 유명한 시 〈미라보 다리 아래 세느강이 흐르고〉처럼. 이런 이미지가 만들어진 데는 프랑스 문학, 그리고 거기서 비롯된 프랑스 영화의 영향이 크다. 프랑스는 근대 연극, 소설, 영화의 발상지인데, 그 내용의 대부분이 사랑, 그것도 사회적 금기나 관습을 깨는 열정적인 사랑 이야기다. 오죽하면 "간통을 빼면 프랑스 문학의 절반 이상이 사라진다"라는 말이 다 있을까?

프랑스 문학의 사랑은 다른 사람의 배우자나 약혼자에게 사랑을 느끼고는 속으로만 끙끙 앓는 독일 문학과 정반대다. 이들은 결혼 제도, 가족 제도의 금기를 무시하고 열정적인 사랑을 고백하고 때로는 이 때문에 파멸할 수도 있지만 기꺼이 사랑에 몸을 맡긴다. 이런 스토리들이 넘치다 보니 '프랑스 하면 사랑과 낭만'이라는 식의 이미지가 만들어졌다. 하지만 예술은 예술이고 현실은 현실이다. 프랑스 문학, 영화를 통해 만들어진 '사랑을 다른 어떤 현실적인 것보다 앞세우고, 열정을 이성보다 앞세우는 낭만적인 사람들'이라는 프랑스 사람의 이미지는 실제 프랑스 사회의 모습, 그리고 역사를 살펴보면 한순간에 무너진다.

역사적으로 프랑스를 지배한 정신은 낭만주의가 아니라 합리주의다. 합리적이고 이성적인 사람들의 나라로 알려진 독일이 오히려 낭만주의의 발상지다. 나폴레옹에게 패배하고 프랑스의 지배를 받게 된 독일인들이 프랑스 사상인 합리주의, 계몽주의에 대한 반발로 낭만주의를 '독일 민족 고유의 정신'으로 내세웠던 것이다. 기독교 교리를 신비주의의 장막에서 끌어내어 논리적으로 규명함으로써 신앙을 합리화한 스콜라 철학, 논리와 이성, 수학적 법칙으로 세계를 설명함으로써 과학혁명의 기초를 닦은 데카르트의 합리주의가 프랑스에서 등장했다. 미신에 사로잡힌 사람들에게 이성의 빛을 비춰 깨어나게 한다는 뜻의 계몽사상을 온 유럽에 퍼뜨린 콩도르세, 달랑베르, 돌바크 등의 학자들도 프랑스 사람이다. 사회 현상을 도덕과 가치의 영역에서 과학의 영역으로 바꾸어 놓은 '사회과학' 역시 생시몽, 콩트, 뒤르켐 등 프랑스 학자들의 손에서 탄생했다.

이와 같이 프랑스는 역사 내내 이성과 논리를 중요시하는 사상과 문화를 키워 왔다. 이들이 시민혁명을 일으킨 것도 압제에 대한 격정적인 반발심이나 분노에서 비롯된 것이 아니다. 이성과 논리로 이해할 수 없는 낡은 체제를 합리적이고 효율적인 체제로 바꾸어야 한다고 생각했기 때문이다. 만약 프랑스 사람이 무엇인가 열렬하게 말하고 있다면 그것은 사랑 고백이나 낭만적인 시보다는 철학적이거나 사회학적인 논쟁일 가능성이 더 높다. 실제로 프랑스들은 논리적인 대화를 즐기며 사소한 문제로도 다시 안 볼 사람처럼 치열하게 논쟁한다.

프랑스는 입시 경쟁이 없는 나라?

프랑스에 대한 환상 중 가장 널리 퍼져 있는 것은 대학 평준화에 관한 것이다. 우리나라 수능에 해당되는 고등학교 학력 인정 시험인 바칼로레아baccalauréat만 통과하면 집 가까운 대학에 간다는 식으로 잘못 알려져 있다. 이 바칼로레아도 성적순으로 줄을 세우는 대신 절대평가이며 50% 이상만 득점하면 합격이라고 하니 더욱 부담 없어 보인다. 일부는 사실이며, 일부는 사실이 아니다. 바칼로레아가 절대평가이긴 하지만 50% 이상

득점이 그렇게 쉽지 않다. 정답이 정해져 있지 않고, 독창성이 중요한 형식이라 문제 예상도 어렵고, 답을 작성한 다음에 자기 점수를 예상하는 것도 어렵다.

대학 평준화도 그렇다. 파리 시내 대학들을 모두 파리 대학교로 통합해 서열 없이 파리 1대학부터 13대학으로 만든 것은 사실이다(2004년 이후 파리 4, 6대학과 5, 7대학이 각각 통합). 하지만 이 대학들은 일반 대학이다. 최상위권 학생들은 일반 대학에 진학하지 않는다. 이들은 그랑제콜Grandes Écoles이라는 특별한 대학에 진학한다. 인문, 사회, 자연과학 분야의 전문가가 되려는 학생은 파리 고등사범학교ENS Paris에, 기술과 공학분야에서 성공하고 싶다면 에콜 폴리테크니크(EP 또는 l'X)에 가는 식이다. 그 밖에 지역 거점마다 정치대학IEP이 있고, 파리에는 고위 관료 양성을 목적으로 하는 국립행정학교ÉNA가 있다. 1945년 이후 역대 프랑스 대통령과 총리들이 군인 출신인 드골 외에는 다 파리 정치대학 아니면 국립행정학교 출신이다. 전국의 모든 그랑제콜 선발 인원을 다 합쳐도 우리나라의 이른바 'SKY' 정원보다 적다.

그랑제콜 입시는 치열하고 살벌하다. 바칼로레아가 절대평가가 아니라 상대평가로 바뀌어 상위 4% 이내의 성적을 거두어야 하기 때문이다. 독창성을 중요하게 생각하는 주관식 평가인 바칼로레아라 도대체 어떻게 답을 써야 상위 4% 안에 들지 예측도 어렵다. 이 상위 4%가 전부 그랑제콜에 입학할 수 있는 것도 아니다. 다만 2년 과정인 그랑제콜 준비반 입학 자격을 얻을 뿐이다. 이 과정을 마치면 각 그랑제콜 입학 시험을 또 쳐야 한다. 이 시험을 일컫는 말이 우리에게 익숙한 단어 '콩쿠르'다. 그런데 이 콩쿠르는 재수를 허용하지 않는다. 한 번 쳐서 떨어지면 그것으로 끝이다. 생각만 해도 소름 끼칠 정도의 입시다.

더구나 프랑스는 우리나라보다 훨씬 지독한 학벌 사회다. 그랑제콜 출신이 프랑스 각 분야의 중요한 직책을 싹쓸이한다. 우리나라의 서울대, 일본의 도쿄대 학벌은 여기 대면 아무것도 아니다. 프랑스 사람들 역시 이런 학벌 사회의 폐단에 대해 잘 알고 있지만, 아무도 고양이 목에 방울을 달지 못했다. 다만 2020년 에마뉘엘 마크롱 대통령이 국립행정학교를 폐지하면서 그랑제콜 개혁의 신호를 날렸다. 프랑스를 대학 평준화의 나라라고 부르려면 마크롱의 이 개혁이 완전한 성공을 거두어야 할 것이다.

프랑스의
이모저모

바닷길의 중심에서 누린 번영

프랑스는 한반도와 일본열도를 합친 정도인 55만 제곱킬로미터의 넓은 영토를 가진 나라다. 영토가 클 뿐 아니라 질적으로도 우수하다. 우선 각 변의 길이가 거의 비슷한 반듯한 정육각형 모양이다. 지정학적인 위치도 아주 좋다. 칼레를 통해 북해, 라로셸과 낭트를 통해 대서양, 마르세유를 통해 지중해로 통하는 등 유럽의 모든 바닷길과 통한다. 그래서 프랑스는 지중해 무역이 융성하던 시절에는 유럽 구석의 촌스러운 나라에 불과했던 영국, 지중해 무역이 쇠퇴하고 대서양 시대가 되면서 빠르게 쇠락해 버린 이탈리아와 달리 두 시대 모두 번영을 누렸다.

이렇게 오랫동안 번영을 누린 덕에 프랑스는 유럽에서 가장 인구가 많은 나라였다. 하지만 오늘날에는 인구가 6,700만 명 정도(2020년 기준)로 영국과 비슷하고 독일보다 적다. 프랑스 인구가 줄었다기보다는 산업혁명 이후 영국과 독일의 인구가 크게 늘어난 것이다. 하지만 프랑스는 영국, 독일에 비해 저출산 고령화 문제에 비교적 성공적으로 대처했기 때문에 다시 역전할 가능성이 높다. 2020년 프랑스의 합계 출산율은 1.84로 우리나라의 두 배를 훌쩍 넘는다.

비옥한 땅과 지중해성 기후

프랑스의 자연환경은 환상적이다. 지형부터 훌륭하다. 영토의 대부분이 평야다. 국토의 70%가 산인 우리나라와 반대로 국토의 70%가 평야다. 사실상 우리나라보다 12배 이상 넓은 나라나 마찬가지다. 30% 정도 되는 산도 주로 국경 지방과 파리를 중심으로 펼쳐진 파리 분지를 둘러싸고 있다. 분지라고 하면 서울, 원주, 대구 같은 곳을 떠올리지만 파리 분지는 동서로 400킬로미터가 넘고 남북으로 350킬로미터가 넘는 대한민국만 한 어마어마한 분지다. 이 분지를 둘러싼 산들은 파리 방향으로는 경사가 완만하고 파리 바깥쪽 방향으로는 급경사를 이루어 그야말로 자연 성곽을 이룬다. 이 산들 사이로 세느강, 루아르강이라는 큰 강 두 개가 흘러가며 풍부한 충적평야를 펼쳐 놓았다. 그야말로 유럽에서 제일

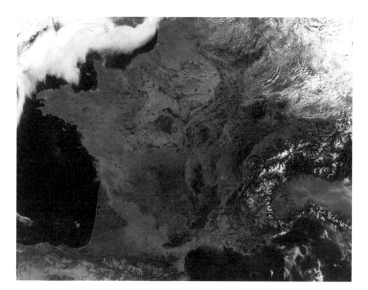

프랑스의 넓은 평야 지형을 알 수 있는 위성 사진

가는 알짜배기 땅이다.

프랑스는 영토가 넓기 때문에 기후도 다양하다. 파리 분지 지역은 서안해양성 기후로 영국과 비슷하면서 조금 더 화창하고 조금 더 따뜻한 기후를 보인다. 마르세유, 니스 등 남쪽 지방은 이탈리아, 그리스 등에서 볼 수 있는 지중해성 기후 지역이다. 여름은 건조하면서 아주 뜨겁고, 겨울은 춥지 않으면서 보슬비가 자주 내린다. 그래서 프랑스 북쪽에서는 주로 곡물 농사를 짓고, 남쪽에는 포도, 올리브, 오렌지 등 지중해성 과일 농사를 짓는 지역이 많다. 한편 동쪽 국경 지역과 서쪽 국경 지역은 높은 산이 많아 다른 지역보다 기온이 낮고 날씨가 궂은 편이다.

역사와 문화를 반영한 지역 구분

프랑스는 강력한 중앙집권 국가의 전통이 강하다. 지방은 다만 지방일 뿐이며 지방자치권은 연합 왕국인 영국, 연방 국가인 독일에 비하면 아주 약하다. 물론 지방마다 의회도 있고, 지방자치단체장도 있지만, 중앙정부의 통제로부터 자유롭지 않다. 재정 운명도 중앙정부의 관리 감독을 받으며, 지방자치단체장을 견제할 고위 관료를 중앙정부에서 임명하기도 한다. 어찌 보면 시장, 도지사, 교육감을 주민 직선으로 선출하지만 부시장, 부지사, 부교육감을 중앙정부에서 임명해서 내려보내는 우리나라의 불완전한 지방자치제도와 비슷하다.

그래도 큰 나라다 보니 문화적으로는 다양한 스펙트럼을 가진 여러 지역으로 구별된다. 프랑스는 전국을 우리나라의 도에 해당되는 13개(본토 기준)의 레지옹, 95개의 데파르트망으로 나누었다. 레지옹은 우리나라의 도보다 훨씬 크며, 데파르트망이 오히려 우리나라의 도와 비슷하다. 각 레지옹과 데파르트망에는 모두 그 나름의 단체장과 의회가 있다.

이 레지옹은 행정구역이지만 행정 편의에 따라 구별한 것이 아니라 역사적, 문화적 공통점을 반영한 것이다. 따라서 레지옹에 따라 자연경관과 문화적 경관이 상당히 달라지기도 하며, 사람들의 사고방식이나 생활방식도 다르다. 이 중 몇몇 중요하거나 흥미로운 레지옹들을 소개한다.

● 일드프랑스

'프랑스의 섬'이라는 뜻이지만 실제 섬은 아니다. 이 지역 주변으로 강이 많이 흘러서 붙은 이름이다. 어디에서 오든 물을 건너와야 하니 섬이나 다름없기도 하다. 프랑스의 수도 파리와 파리를 둘러싼 일곱 개 주로 이루어져 있다. 프랑스 인구의 20%가 밀집해서 살고 있는 수도권이라고 할 수 있다.

인구뿐 아니라 경제도 집중되어 있어 국내총생산의 3분의 1을 이 지역에서 책임지고 있으며, 1인당 평균 소득도 다른 지역의 1.5배에서 2배 정도 많다. 경제적, 문화적으로는 정말 프랑스 안에 있는 섬인 셈이다.

파리

일드프랑스의 중심이자 프랑스의 수도다. 사실상 일드프랑스 전체가 파리를 중심으로 하나의 거대 도시권(메갈로폴리스)이다. 모두 20개의 구로 이루어져 있으며 인구는 2021년 기준 1,107만 명 정도다. 역사가 고

3

2

4

5

1

6

7

8

9

10

11

12

13

프랑스 레지옹

1	브르타뉴	7	상트르발드루아르
2	노르망디	8	부르고뉴프랑슈콩테
3	오드프랑스	9	누벨아키텐
4	일드프랑스	10	오베르뉴론알프
5	그랑데스트	11	옥시타니
6	페이드라루아르	12	프로방스알프코트다쥐르
		13	코르시카

대 로마까지 거슬러 올라가는 유서 깊은 도시로, 카이사르가 파리시족이 살던 곳에 세운 요새가 그 출발점이다. 이 요새가 있었던 곳이 '시테'라 불리는 지역으로 지금도 여기에 시청이 있다. 로마가 멸망한 뒤 게르만족의 일파인 프랑크족이 508년에 이곳을 수도로 왕국을 세웠다. 파리가 수도가 된 역사는 1,500년이 넘는 셈이다. 세계에서 가장 오랫동안 수도의 지위를 누리는 도시 중 하나다.

더구나 15세기 이후 거의 500년간 프랑스가 유럽에서 가장 부유하고 강한 나라의 지위를 지켰기 때문에 파리는 유럽의 수도이기도 했다. 파리에는 유럽 어떤 도시보다도 많은 문화유산과 예술 작품이 남아 있고, 이를 바탕으로 파리는 세계 최대의 관광 도시로 군림하고 있다.

파리의 20개 구 중 관광객들이 많이 찾는 역사 문화 구역은 1, 2, 3, 4구이며, 이곳을 중심으로 남서쪽에 있는 6, 7, 8, 16구 정도가 비교적 안전하고 문화시설이 많은 구역이다. 반면 북동쪽의 18, 19, 20구는 빈부 격차가 심하고 치안도 불안한 편이다. 나머지 구들은 현지 주민들의 주요 생활공간이다. 파리의 중요한 구를 소개하면 다음과 같다.

- 1구(루브르구)

파리의 중심 지역으로 가장 유서 깊은 곳이다. 루브르 박물관과 튈일리 공원이 모두 이 지역에 자리 잡고 있다. 그 사이에 펼쳐진 콩코르드 광장 역시 수많은 역사적 사건의 무대가 되었던 곳이다.

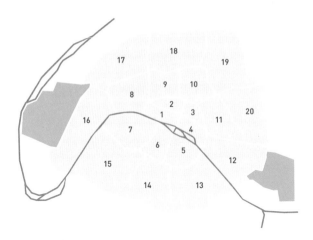

위: 파리 전경
아래: 파리 행정구역

- **4구(오텔드빌구)**

세느강 가운데 있는 시테섬이 있는 곳으로 파리의 발상지다. 시청과 노트르담 성당이 자리 잡고 있다. 특히 세느강 양쪽으로 펼쳐진 산책로에서 바라본 야경이 아름답다.

- **6구(뤽상부르구)**

예술의 도시, 패션의 도시 파리라는 이름에 가장 어울리는 구역이다. 생제르맹 거리와 뤽상부르 공원을 중심으로 수많은 극장과 카페가 즐비하게 늘어서 있으며, 이곳에서 수많은 작가, 예술가, 철학자가 파리의 예술과 사상을 현재진행형으로 만들고 있다. 지식인이나 예술가가 야외석이 있는 카페에서 간단한 식사와 커피 한잔을 하며 책을 읽거나 글을 쓰고 있는 아침을 떠올렸다면, 그 장소는 십중팔구 바로 이 구역이다. 물가가 매우 비싸지만 그만큼 값을 하는 곳이며, 가장 파리다운 곳이기도 하다.

- **7구(팔레-부르봉구)**

에펠탑이 있는 곳으로 각종 정부 기관 청사와 대한민국 대사관을 비롯한 여러 나라의 대사관이 모여 있는 행정구역이다. 당연히 프랑스에서 가장 치안이 좋은 구역이다. 다만 에펠탑은 매우 높기 때문에 이 구역보다는 좀 떨어진 곳에서 보는 것이 더 아름답다.

- **8구(엘리제구)**

프랑스 대통령 관저인 엘리제 궁전이 있는 지역이다. 랜드마크는 단

위: 세느강에서 바라본 노트르담의 야경
아래: 뤽상부르 거리

연 개선문이다. 개선문은 나폴레옹 3세가 파리를 근대적인 계획도시로 만들 때 기준점으로 세운 것이다. 개선문을 중심으로 방사형으로 길이 뻗어 나가도록 설계되어 있는데, 서울에서는 잠실을 중심으로 모든 길이 방사형으로 배치된 송파구가 이런 구조를 하고 있다.

그래서 관광버스나 택시를 타고 시티 투어를 하는 관광객들은 하루에 몇 번씩 개선문 앞을 지나간다. 이렇게 개선문을 지나는 길들 중 가장 유명한 길이 콩코르드 광장에서부터 뻗어 있는 샹젤리제다. 각종 노래, 영화 등에 그 이름이 자주 나오기 때문에 한 번쯤은 들어 봤을 이름이다. 프랑스인들은 샹젤리제를 세계에서 가장 아름다운 거리라고 부르기도 하는데, 세계는 몰라도 파리에서 가장 아름다운 거리임에는 틀림없다. 각종 명품 매장이 즐비하게 늘어서 있는 거리이기도 하다.

● 그랑데스트

알자스, 로렌, 샹파뉴 지역을 합쳐서 만든 레지옹인 그랑데스트(큰 동부)는 역사적으로 정치적으로 독특한 지역이다. 농사에도 유리할 뿐 아니라 철과 석탄도 풍부해서 프랑스와 독일이 서로 뺏고 뺏기기를 반복한 역사를 가지고 있다. 두 차례 세계대전 모두 독일군이 이 지역을 통해 침공해 왔으며, 특히 1차 세계대전에서는 이 지역에서 끔찍한 참호전이 벌어져 수십만 명의 전사자가 발생했다.

오늘날 이 지역은 이곳에서 생산되는 포도주 이름으로 널리 알려져 있다. 원래 이 지역에 있는 포도주 생산지 이름이지만 아예 고급 포도주의 대명사가 되어 버린 샹파뉴(샴페인)가 바로 그것이다.

파리 교통의 중심에 있는 개선문

● 누벨아키텐

그랑데스트가 독일과의 국경 지역이라면 누벨아키텐은 스페인과의 국경 지역으로 독특한 문화 점이지대다. 100년 전쟁 이전까지는 영국의 근거지였고, 이후에는 나바라 왕국이라는 독자적인 나라를 이루기도 했다. 이곳이 완전히 프랑스 영토로 합병된 것은 나바라의 왕이었던 앙리 부르봉이 프랑스 국왕이 되면서부터다.

그랑데스트 지역과 마찬가지로 포도주로 유명한 지역이다. 파리가 패션의 수도라면 누벨아키텐의 주도인 보르도는 포도주의 수도다. 이 지역에는 유럽에서 가장 훌륭한 포도 농장들이 자리 잡고 있으며 농장마다 개성 있는 포도주를 빚어 내고 있다. 이 포도주들이 보르도에 모여 온 세계로 수출되며, 그때까지 기다리지 못하는 포도주 애호가들이 온 세계로부터 보르도에 몰려들기도 한다.

● 프로방스알프코트다쥐르

프랑스의 남부 지역이다. 이탈리아, 모나코와 국경을 대고 있으며 전형적인 지중해성 기후를 보여 준다. 자연경관이나 문화적 경관도 일드프랑스 등 전형적인 프랑스의 풍경이 아니라 이탈리아에 가깝다. 이 지역의 강한 햇살은 빛을 그리고자 했던 19세기 인상주의 화가들에게 강한 '인상'을 남겼고, 이후 많은 화가가 이 지역을 여행하며 풍경화를 그렸다. 이 중에서 가장 유명한 화가라면 단연 엑상프로방스에서 그림을 그렸던 폴 세잔이다. 지금도 엑상프로방스는 지중해 지역 특유의 강렬한 풍경으로 많은 관광객을 끌어들이고 있다.

이 지역의 중심 도시인 마르세유는 옛날부터 프랑스가 지중해로 통하는 통로 역할을 한 항구 도시로, 파리 다음으로 큰 프랑스 제2의 도시다. 마르세유는 프랑스가 아프리카와 아시아에 많은 식민지를 거느리고 있던 시절, 식민지와 본국의 통로 역할을 하며 엄청나게 많은 선박이 드나든 유럽 최대 항구였으며, 지금도 함부르크, 로테르담, 안트베르펜과 함께 유럽에서 손꼽히는 항구다.

프랑스 제국주의의 통로라는 역사는 과거의 역사가 아니라 현재진행형이다. 비록 독립은 했지만 경제적으로 프랑스에게 의존해야 하는 아프리카의 4분의 1이 넘는 나라들에서 여전히 많은 이주 노동자가 마르세유로 들어오고 있으며, 이들을 고용하는 공장도 많이 들어서 있다.

대통령 중심의 2원 집정부제

프랑스는 근대 이전에는 1,000년간이나 왕조가 이어질 정도로 정치가 안정적이었으나, 근대 이후에는 혁명과 전쟁이 속출하는 등 매우 혼란스러웠다. 1789년 이후 정체가 왕정-입헌군주정(의원내각제)-제1공화정-제1제정-왕정복고-입헌군주정(의원내각제)-제2공화정-제2제정-제3공화정-비시정부-제5공화정으로 계속 바뀌었다.

현재 정부 구조도 유럽의 그 어느 나라보다 복잡해서, 대통령 중심제와 의원내각제를 융합한 독특한 정부 형태(2원 집정부제)를 가지고 있다. 대통령도 있고 총리도 있다. 각부 장관들로 구성된 내각에 대한 통솔권이 대통령이 아니라 총리에게 있다. 하지만 그렇다고 프랑스 대통령이 독

위: 화가들이 사랑한 엑상프로방스
아래: 프랑스 제2의 도시 마르세유

일 대통령처럼 상징적인 존재인 것은 아니다. 오히려 일반적인 대통령제 국가의 대통령보다 더 막강한 권력을 가지고 있다.

● 막강한 권한을 가진 대통령

대통령은 국민 직접선거로 선출하는데, 과반수 득표자가 나오지 않으면 최고 득표자 2명을 대상으로 결선 투표를 한다. 임기는 우리나라와 같이 5년이지만, 단임이 아니라 재선이 가능하기 때문에 10년간 재직할 수 있다. 이것도 대통령 권한이 너무 강하다고 헌법 개정을 통해 줄인 것이다. 2002년 이전에는 임기가 무려 7년이었고, 연임에도 제한이 없었다. 그래서 샤를 드골(10년), 프랑수아 미테랑(14년), 자크 시라크(12년) 등 장기 집권한 대통령들이 있었다.

프랑스 대통령은 법률안 거부권, 국민투표 부의권, 외교권, 사면권, 긴급명령권 등 대통령제 국가의 대통령이 가지고 있는 권한을 다 가지고 있으면서 국회 해산권까지 가지고 있고, 퇴임하면 자동으로 헌법 위원(우리나라의 헌법 재판관)이 되는 등 막강한 권력을 가지고 있다. 선진국 중 대통령에게 이렇게 막강한 권한을 집중시킨 나라는 프랑스뿐이다.

● 양원제이지만 하원이 더 강한 국회

프랑스의 국회는 상원(원로원)과 하원(국민회의)으로 이루어져 있지만 실제 권한은 하원이 훨씬 더 강하다. 하원은 직접 선거를 통해 선출되는 국민의 대표인 반면, 상원은 각 지방의 시장, 시의원, 그리고 그들이 임명한 선거인단이 선출하는 지방정부의 대표이기 때문이다. 상원과 하원의

의견이 서로 충돌할 경우 안건에 대한 최종 결정권이 하원에 있고, 또 총리와 각료에 대한 임명 동의권 역시 하원에 있기 때문에, 실제 정치의 무대는 하원이다.

하원 의석 중 대통령의 소속 정당이 과반수인 경우에는 대통령이 임명하는 총리와 장관이 그대로 통과되기 때문에 2원 집정부제의 특징이 잘 드러나지 않고, 오히려 유신정권 같은 아주 강력한 대통령제로 운영된다. 하지만 대통령의 소속 정당이 하원에서 소수당이 되면 총리와 장관들이 대통령 반대 정당에서 나오게 된다. 이 경우 총리가 가진 장관 통솔 권한이 대통령과 부딪치게 되면서 불편한 관계가 된다. 이를 '동거 정부'라고 하는데, 실제로 자주 일어나는 경우는 아니다.

2017년 총선 때 진보와 보수를 대표하던 양당인 사회당과 공화당이 모두 소수당으로 몰락하고 마크롱 대통령의 정당인 행진(앙 마르슈)이 다수당이 되었다. 그 덕분에 마크롱 대통령은 행정부와 입법부를 모두 장악한 강력한 권력을 휘두르고 있다.

진취적인 문화와 예술의 중심지
프랑스는 문화 예술의 수준이 높고, 또 국민들이 이를 중요하게 생각하고 적극적으로 즐긴다. 소프트 파워 역시 상당하다. 무엇보다도 프랑스는 유럽에서 이민에 가장 개방적인 나라이며, 정치적 망명자들이 가장 선호하는 나라다. 이런 점이 프랑스 문화를 다채롭고 풍성하게 만들어 주었다.

대체로 보수적이고 전통을 중요시하는 영국과 달리 프랑스 문화는 진취적이고 때로는 전위적이다. 프랑스인들은 자기네 문화에 대해 자부심이 무척 강하지만, 어떤 특정한 양식을 딱 집어서 프랑스적인 것으로 규정하지는 않는다. 그들의 자부심은 문화적 역량에 대한 것이지 남아 있는 문화유산이나 특정한 문화 유형에 대한 것이 아니기 때문이다.

● **예술과 디자인의 나라**

프랑스는 미술과 디자인의 강국이다. 특히 파리는 '예술의 도시'라 일컬어진다. 파리가 예술의 중심지가 된 역사는 19세기까지 거슬러 올라간다. 당시 파리는 유럽 오페라의 중심, 발레의 중심, 그리고 무엇보다도 미술의 중심이었다. 파리를 무대로 활동하며 역사의 한 페이지를 장식한 예술가는 셀 수 없을 정도로 많다. 시인 랭보, 보들레르, 소설가 모파상, 발자크, 플로베르, 에밀 졸라, 음악가 베를리오즈, 쇼팽, 생상스, 드뷔시, 라벨, 화가 마네, 모네, 르누아르, 드가, 세잔, 고갱, 반 고흐, 마티스, 피카소, 로댕 등.

이들 중에는 프랑스 출신이 아닌 사람들도 있지만 그들 역시 프랑스가 아니었으면 자신의 재능을 펼칠 곳을 찾기 어려웠을 것이다. 유럽에서 재능 있는 음악가, 화가, 조각가라면 당연하다는 듯이 파리로 몰려들었다. 이 무명 예술가들은 파리에서 집세가 저렴한 몽마르트르 언덕에 집단으로 거주했는데, 그 덕분에 몽마르트르 자체가 새로운 예술 사조의 발흥지가 되었다. 워낙 여러 나라에서 많은 무명 작가가 몰려오다 보니 끊임없이 혁신적인 아이디어와 창조의 에너지가 생성되었던 것이다.

위: 오르세 미술관
아래: 몽마르트르 언덕

프랑스는 미술뿐 아니라 발레의 발상지로서 중요한 위치를 차지하고 있다. 발레에서 사용되는 용어의 대부분이 프랑스어이며, 〈지젤〉, 〈돈키호테〉, 〈해적〉, 〈라 바야데르〉, 〈라 실피드〉, 〈코펠리아〉 등 오늘날에도 가장 널리 무대에 오르는 발레 고전들도 프랑스 작품들이다. 다만 프랑스를 대표하는 파리 오페라 발레단은 "발레의 종가"라는 자부심 때문인지 외국인을 받아들이지 않는 등의 폐쇄성 때문에 러시아, 영국, 미국의 발레단에 비해 정체된 느낌을 준다.

프랑스는 예술이 발달한 만큼 패션도 발달했다. 프랑스 하면 제일 먼저 패션을 떠올리는 사람도 많을 정도다. 루이 뷔통, 샤넬, 지방시, 이브 생로랑, 피에르 가르뎅 등 프랑스 출신의, 또는 프랑스를 배경으로 활동했던 패션 디자이너들만으로도 패션의 역사를 쓸 수 있을 정도다. 하지만 프랑스를 디자인 강국이라 하는 이유가 다만 패션 때문만은 아니다. 프랑스 디자인의 진짜 역량은 산업 디자인 분야에서 발휘된다. 프랑스 디자인의 특징은 어떤 전통이나 틀에 사로잡히지 않는 자유로움과 파격에 있다. 프랑스는 이탈리아, 독일과 함께 디자인 경쟁력의 수위를 다투는 나라다. 이탈리아 디자인은 예쁘고, 독일 디자인은 쓰임새가 좋다면, 프랑스 디자인은 독특하다.

● 논쟁하는 프랑스의 철학과 문학

프랑스 사람들은 생각을 많이 한다. 프랑스를 대표하는 조각가 로댕이 괜히 '생각하는 사람'을 만든 게 아닐 것이다. 그런데 여기서 말하는 생각은 아무 생각이나 일컫는 것이 아니다. 논리적으로 추론하고 의미를 따지는 등의 사유를 말한다. 그렇다 보니 프랑스 사람들은 토론이나 논쟁을 많이 한다. 이런 토양에서 철학과 문학이 발달하는 것은 자연스러운 일이다.

프랑스를 흔히 예술의 나라라 부른다. 하지만 프랑스는 역사적으로 예술보다는 철학의 나라였다. 오히려 유럽에서 예술의 나라 역할을 한 곳은 프랑스가 아니라 이탈리아였고, 프랑스는 중세부터 오늘날까지 줄곧 철학과 사상의 중심지였다. 중세를 지배한 스콜라 철학이 파리에서 꽃피었고, 근대의 문을 연 철학자 데카르트, 몽테스키외, 루소 등도 모두 프랑스에서 활동했으며, 자본주의 시장경제의 이념도 사실은 프랑스에서 시작된 것이다(애덤 스미스가 프랑스에서 배워 간 것이다). 심지어 자본주의를 비판한 사회주의조차 마르크스가 프랑스에서 배운 것이며, 근대를 비판하고 탈근대의 문을 연 사상들인 실존주의, 해체주의, 포스트모더니즘도 모두 프랑스산이다.

이 전통이 아직까지도 남아 있어서, 프랑스 사람들은 실용성과는 거리가 먼 추상적인 주제로 토론하는 것을 즐기며, 이것이 대학 입시에도 활용된다. 유명한 바칼로레아의 논술 문제들이다. 그중 몇 문항을 소개해 본다. 물론 바칼로레아가 이런 추상적인 논술만으로 대학생을 선발하는 것은 아니다. 아래 문항 중 하나를 골라서 네 시간 동안 한 편의 논문을 작성해 보자.

- 지금의 나는 내 과거의 총합인가?
- 사랑이 의무일 수 있는가?

- 행복은 단지 한순간 스치고 지나가는 것일까?
- 육체는 감옥인가 외부 세계와의 통로인가?
- 철학자는 과학자에게 어떤 도움을 줄 수 있는가?
- 진리는 모두 증명될 수 있는가?

　철학과 사상의 나라라 그런지 이를 다양한 방식의 글로 표현하는 문학의 저변도 넓다. 세계에서 노벨 문학상 수상자를 가장 많이 배출한 나라가 바로 프랑스다. 두 번째가 미국인데, 두 나라의 인구 차이를 감안하면 상당한 격차다. 프랑스 사람들은 책, 그리고 책과 관련된 문화를 사랑한다. 디지털 시대임에도 전자책을 사거나 인터넷 서점을 이용하기보다 동네 서점에서 책을 고르는 문화가 남아 있다. 해마다 온 국민의 축제로 대성황을 이루는 파리 도서전Salon du Livre Paris은 다른 나라들의 부러움을 사고 있다.

　프랑스 문학 역시 모든 시대에 걸쳐 위대한 작가들을 배출했다. 사실주의, 자연주의, 인상주의, 표현주의에 이르기까지 새로운 문학 사조가 등장하는 순간에는 늘 프랑스의 실험적인 작가들이 있었다. 스탕달, 기드 모파상, 오노레 발자크, 에밀 졸라, 앙드레 지드, 귀스타브 플로베르, 마르셀 프루스트, 쥘 베른, 앙드레 말로, 로맹 롤랑, 로맹 가리, 장 폴 사르트르, 생텍쥐페리, 알베르 카뮈, 프랑수아즈 사강 등 그 명단은 끝없이 이어진다.

● 프랑스 정찬을 즐겨 보자

프랑스는 요리의 나라다. 프랑스 문화 중 세계에 가장 널리 퍼진 것은 철학과 예술이 아니라 미식 문화(파인 다이닝)일지도 모른다. 고급 음식점을 부르는 용어 '레스토랑' 역시 프랑스어다. 그렇다면 프랑스식 파인 다이닝은 어떻게 구성될까? 기본적으로 10개의 접시가 나오는 이른바 10품 요리가 최고의 정찬이다.

❶ 식전주l'apéritif

가볍게 식욕을 돋우는 식전주로 시작한다. 주로 백포도주나 거품 나는 포도주crémant를 마신다. 샴페인은 프랑스 샹파뉴 지방에서 생산한 고급 포도주를 가리키는 말로, 거품 나는 포도주를 가리키는 일반명사가 아니니 조심하자. 밥 먹기 전에 술 한잔 가볍게 하는 이유는 프랑스 정찬은 기본적으로 먹는 것이 목적이 아니라 모여서 이야기하는 것이 목적이기 때문이다.

❷ 한 입 요리amuse bouche

식전주를 마시고 나면 문자 그대로 딱 한 입 크기의 간단한 요리가 나온다. 재미있는 모양을 하고 있는 경우가 많기 때문에, 이 요리 자체가 이야깃거리가 된다.

❸ 전채 요리entrée

여기서부터 본격적인 식사다. 전채 요리라고 하면 흔히 샐러드 등을 생각하지만, 프랑스에서는 여기서부터 상당히 기름지다. 인기가 많은 전채 요리는 거위 간(요즘은 동물권 보호를 위해 사라지는 추세다), 송로(트뤼프), 굴을 사용한 요리다.

❹   생선poissons

프랑스 코스 요리의 주 메뉴는 생선과 고기로 구성된다. 생선 요리 중 가장 인기가 많은 것은 넙치(가자미, 광어 등) 요리다.

❺   셔벗sorbet

생선 요리를 먹고 나서 바로 고기 요리를 먹으려면 먼저 입안에서 생선 냄새를 좀 헹궈야 한다. 이때 제공되는 것이 셔벗이다.

❻   고기 요리viandes

프랑스 정찬의 메인 요리는 소, 돼지, 거위, 오리 등 다양한 고기를 사용하며, 요리 방법도 우리나라 육회와 비슷한 타르타르 스테이크에서부터 아주 긴 시간을 익히는 로스트 비프에 이르기까지 매우 다양하다.

❼   치즈fromages

프랑스 사람들은 치즈를 내지 않으면 제대로 된 정찬이 아니라고 할 정도로 치즈를 중요하게 생각한다. 그런데 프랑스에서는 치즈가 후식이다. 프랑스 치즈는 그 종류가 다양하기로 유명하며, 이런 다양한 치즈를 몇 조각 맛보면서 식사를 마무리한다.

❽ 디저트dessert

이제 달콤한 디저트다. 프랑스는 달콤한 디저트가 굉장히 많이 발달되었다. 독일이 빵이라면 프랑스는 케이크다. 긴 말이 필요 없다. 무스, 타르트, 마카롱, 마들렌, 수플레, 밀푀유, 크레페, 그 밖에 제과점의 진열장을 형형색색 예쁘게 꾸미고 있는 온갖 종류의 디저트는 거의 대부분 프랑스에서 유래되었다.

❾ 식후주desestif

이쯤 되면 위장이 무척 부담스러울 것이다. 그래서 프랑스 사람들은 소화제를 코스에 집어넣었다. 그런데 그게 술이다. 어디까지나 소화 잘되라고 마시는 일종의 약술이다. 남성에게는 코냑이, 여성에게는 향기가 좋은 리큐어가 제공되는 경우가 많다.

❿ 차tea

식사의 마지막이다. 차 대신 커피를 마시기도 한다. 차 한잔을 마실 때쯤 되면 테이블 위에는 식기가 하나도 남아 있지 않을 것이며, 대신 엄청난 숫자가 적혀 있는 계산서가 놓여 있을 것이다. 자리를 마무리하고 이 기나긴 코스를 정성껏 대접해 준 직원에게 줄 팁도 준비하자.

위: 밀푀유
아래: 타르타르 스테이크

사실 이런 식의 정찬은 프랑스 사람들에게도 아주 부담스럽고 무겁게 느껴진다. 게다가 시간도 많이 걸린다. 프랑스 사람들은 말하는 것을 좋아하며, 특히 식사 시간에 말을 많이 하기 때문에 우리나라처럼 다 먹기가 무섭게 바로 접시를 치우고 다음 요리를 내면 불쾌해한다. 충분히 이야기를 나누면서 앞의 요리가 거의 다 소화되어 심지어 다시 배가 고파질 때쯤 되어야 다음 접시가 나온다.

이런 식으로 느긋하게 열 코스를 다 소화하려면 아무리 짧게 잡아도 세 시간 이상 걸린다. 만약 프랑스 친구가 만찬을 함께하자고 초대했다면, 해 떨어진 다음부터 잠자리에 들어가기 전까지의 시간을 다 비워 달라는 뜻이다. 다만 이렇게 식사 시간이 길다 보니 레스토랑을 나와서 다시 카페에 가거나 하는 일 없이 한자리에서 다 끝낸다.

프랑스 사람들도 식사, 만남마다 서너 시간을 쓰는 것은 무척 부담스러운 모양이다. 돈도 많이 든다. 프랑스는 선진국이긴 하지만 우리나라보다 조금 더 잘살 뿐이며, 파리의 물가를 감안하면 오히려 우리와 비슷한 수준 혹은 조금 아래 수준일 수도 있다. 1인당 20만 원 정도는 예사로 넘어가는 정찬 요리만 고집해서는 레스토랑 영업이 되지 않는다. 그래서 대부분의 프렌치 레스토랑에서는 이를 간소화한 5품 코스 요리를 제공한다. 전채 요리, 해산물, 육류, 디저트, 차 이렇게만 구성되는 경우가 많다. 특히 점심시간에 5품 요리를 정찬 절반 이하 가격에 제공한다.

의외로 농업과 제조업의 나라

프랑스는 패션, 디자인, 관광산업이 경제의 중심일 것이라고 생각하기 쉽다. 물론 프랑스는 2019년 기준 외국 관광객이 무려 9,000만 명이나 방문한 관광 대국으로 스페인, 미국과 더불어 세계 3대 관광 대국이다. 하지만 프랑스는 연간 2조 5,000억 달러 이상의 국내총생산을 기록하는 경제 대국으로 관광업은 그중 일부에 불과하다. 같은 관광 대국 중 관광산업 의존도가 높은 스페인, 이탈리아는 2020년 코로나 19로 1인당 국내총생산이 10%씩 깎이는 엄청난 피해를 입었지만, 프랑스는 2019년 4만 380달러에서 2020년 3만 8,625달러로 조금 줄어드는 데 그쳤다.

● 프랑스는 농업 국가

프랑스 경제를 지탱하는 양대 축은 다름아닌 제조업과 농업이다. 프랑스는 비옥한 토양과 좋은 기후 조건 덕분에 유럽의 식량 창고 역할을 하고 있는데, 프랑스 전 국민이 소비할 수 있는 것보다 세 배나 많은 농산물을 생산해 이를 수출하는 등 미국, 오스트레일리아, 캐나다와 함께 세계적인 식량 수출 국가다.

하지만 선진국치고 농업 생산량이 많은 것이지, 미국, 오스트레일리아 같은 드넓은 농장을 경영하는 나라들과 비교하면 농업 생산성이 떨어지는 편이다. 따라서 프랑스도 경제에서 농업이 차지하는 비율을 줄이는 구조조정이 필요하지만, 농민 인구가 많고 농민들의 정치적 영향력도 강해서 쉽사리 손을 대지 못하고 있다.

● 제조업 강국, 그러나

프랑스는 전통적인 제조업 강국이다. 그것도 세계 1위를 달리고 있는 명품, 패션, 미용 제품뿐 아니라 첨단 기술이나 중화학 공업 같은 분야에서 결코 뒤떨어지지 않는다. 실제로 프랑스는 영국보다 뒤늦기는 했지만 영국을 제외하면 산업혁명에 가장 빨리 적응한 나라였다. 또 워낙 막강해진 영국에 밀려났을 뿐이지, 19세기부터 20세기 초반까지 계속 영국과 더불어 세계 시장을 분할하던 강대국이며 경제 대국이었다. 프랑스는 자동차, 우주 항공, 발전기, 제약 바이오, 각종 기계 등의 영역에서 무시할 수 없는 강자다. 또 미국, 러시아와 더불어 세계에서 무기를 가장 많이 수출하는 방위 산업 강국이기도 하다.

그러나 미래를 마냥 낙관할 수만은 없다. 후발 국가들에게 밀리면서 제조업이 계속 쇠퇴하고 있기 때문이다. 제조업의 쇠퇴는 고용률의 저하로 이어진다. 사실 유럽이 전반적으로 고용률 저하에 시달리고 있는데, 프랑스는 그중에서도 특히 심한 편이다. 높은 실업률은 프랑스 경제가 앞으로 풀어 나가야 할 가장 중대한 과제 중 하나라고 해도 과언이 아닐 것이다. 프랑스의 실업률은 10%에 육박하는데, 이는 미국의 두 배 정도 되는 수치다.

더 심각한 문제는 이 희생이 청년층에게 집중된다는 것이다. 프랑스는 노동조합의 힘이 강하기 때문에 이미 채용한 노동자의 해고도 임금 삭감도 쉽지 않다. 결국 갈수록 경쟁력이 떨어지는 기업들은 신규 직원 채용을 억제하는 방법으로 비용을 줄일 수밖에 없다. 프랑스 청년 실업률은 20~30%대를 오가는 중이다. 그래도 에마뉘엘 마크롱의 개혁으로 조금씩 회생의 기미가 보이고 있다. 2017년에 대통령이 된 마크롱은 경제부 장관이던 시절까지 합치면 거의 10년째 프랑스 경제를 움직이고 있는데, 그 이후로 프랑스의 실업률은 점차적으로 떨어지는 추세다.

프랑스의
역사

영국이 민족도 왕조도 수시로 바뀌고, 왕조 안에서도 왕권을 놓고 귀족들 간의 암투가 끊임없이 벌어진 시끄럽고 복잡한 역사를 가지고 있는 반면, 프랑스는 7세기 이래 거의 18세기까지 1,000년 이상 사실상 단일 왕조가 이어진 것이나 다름없을 정도로 굴곡이 적은 역사를 가지고 있다. 그럼에도 불구하고 프랑스 역사라고 하면 뭔가 혼란스럽고 사건이 많다고 느끼는 것은 프랑스혁명 이후 100년간이 아주 요란하고 변화무쌍했기 때문이다.

프랑스 이전의 프랑스

프랑스의 역사는 오늘날 프랑스 땅에 사람들이 문명을 이루고 살았던 시기를 시작으로 보면 수천 년 전으로 거슬러 올라간다. 그 주인공은 영국과 마찬가지로 켈트족이다. 로마인들은 이 지역에 거주하던 켈트족을 갈리아인이라 불렸는데, 오늘날 프랑스어로는 골족이라 부른다.

기원전 52년, 로마의 카이사르가 갈리아의 모든 부족을 굴복시키고, 갈리아를 로마의 영토로 합병했다. 갈리아인들 중 일부는 끝까지 항전하면서 오늘날의 브르타뉴 지방으로 가거나 바다를 건너 그레이트브리튼으로 들어갔지만 대부분의 갈리아인은 로마의 지배를 받아들였다. 로마 역시 척박한 그레이트브리튼과 달리 기후나 토지가 이탈리아 본토보다 훌륭한 갈리아를 매우 중요하게 생각해 적극적으로 흡수했다.

많은 로마인이 이주했고, 로마식 문물과 제도가 도입되었다. 이후 갈리아는 로마제국이 멸망하는 그날까지 줄곧 로마의 영토였으며 로마제국이 동서로 분열된 다음에는 서로마제국의 중심이 되었다. 이 과정에서 갈리아인은 로마인과 거의 동화되어 버렸는데 이들을 갈로-로마인이라 부른다. 고유 언어도 거의 사라졌고 라틴어의 갈리아식 변형인 로망스어를 사용했다.

하지만 이 갈로-로마인이 오늘날의 프랑스인은 아니다. 여기에 게르만족의 대이동이 겹친다. 게르만족은 5~8세기 사이 서로마제국을 멸망시키면서 대규모로 이주해 왔다. 당시 라인강 중류 지방에 살고 있던 게르만족 일파인 프랑크족이 대규모로 갈리아 지역으로 이주해 왔다. 프랑크는 매우 강성해서 샤를마뉴가 통치하던 시절에는 프랑스는 물론 사실상 서유럽 전체를 영토로 삼았다. 교황은 샤를마뉴에게 서로마제국의 황제이자 교회의 수호자 칭호를 내렸다. 이때부터 프랑크는 제국이 되었고 샤를마뉴는 샤를마뉴 대제(라틴어로는 카롤루스 대제)라 불리며 카롤링거 왕조를 열었다.

이때까지 프랑크는 프랑스, 독일, 이탈리아를 모두 아우르는 대제국이지 오늘날의 프랑스를 일컫는 것이 아니었다. 이 세 나라가 각각 다른 길을 가게 된 것은 샤를마뉴 대제의 손자들이 제국을 동, 중, 서프랑크로 분할한 베르됭 조약과 메르센 조약 이후의 일이다. 동프랑크는 '신성로마제국'이라는 이름을 사용했고, 중프랑크는 여러 조각으로 분열되어 사실상 사라져 버렸기 때문에 서프랑크에만 프랑크라는 이름이 남아 동, 중, 서 구별의 의미 없게 되었다. 이때부터 '프랑크=프랑스'가 되었다. 따라서 프랑스의 독자적인 역사는 메르센 조약이 체결된 870년부터라고 보는 관점도 있다.

이처럼 오늘날 프랑스 땅에 살고 있는 사람들의 뿌리는 원래 살고 있던 켈트족(갈리아인), 이들을 정복하고 융화시킨 라틴족(로마인), 마지막으로 프랑크 왕국을 세워 이 지역을 지배했던 게르만족이라는 세 갈래다. 오늘날 프랑스인의 혈통과 문화에는 이 세 민족의 특징이 골고루 섞여 있다. 프랑스는 유럽의 뿌리가 되는 세 민족이 만나서 섞인 민족과 문화의 교차로였던 셈이다.

카페 왕조

프랑스와 독일은 모두 카롤루스의 후손으로 한동안 일종의 형제 나라였다. 이 두 나라의 역사가 완전히 갈라진 것은 카롤링거 왕조의 맥이 끊어지고 두 나라의 왕조가 동프랑크의 작센 왕조, 서프랑크의 카페 왕조로 분리된 다음의 일이다.

카페 왕조는 서프랑크 왕국의 국왕 루이 5세가 자녀 없이 사망하고, 프랑크 공으로 있던 위그 카페Hugues Capet가 프랑스 왕으로 선출됨으로써 성립되었다(987). 카페 가문을 상징하는 문장은 백합인데, 이후 백합은 삼색기가 나오기 전까지 800년간 프랑스의 국기로 사용되었다. 혁명 이전까지 어떤 형태로든 카페 왕조가 이어진 것이다. 하지만 이름이 좋아 왕이고 왕조였지, 처음에는 흔히 생각하는 그런 왕과 왕조가 아니었다.

우선 왕의 권력이 나라 전체에 미치지 않았다. 각 지역은 여전히 그 지역 귀족들이 제후가 되어 다스리고 있었으며, 왕은 다만 여러 제후의 대표로 자기 직속 영지 외에는 거의 권한을 행사하지 못했다. 프랑스의 대제후들은 왕가가 다스리는 영토와 맞먹거나 오히려 압도하는 규모의 영토를 거느리고 있었으며, 카페 왕가와 형식적인 군신 관계를 맺었을 뿐, 사실상 독립국가의 군주나 다름없었다. 카페 왕가의 권력은 오늘날의 일드프랑스, 그것도 파리에서 오를레앙 사이에만 머물렀다.

그런데 카페 왕조에게도 행운이 없는 것은 아니었다. 우선 국왕들이 요절하지 않고 40세 이상씩 살았다. 더구나 대를 이을 왕자를 계속 남겨 혈통이 끊어지지 않고 200년간이나 이어졌다. 그 뒤를 잇는 발루아 왕조, 부르봉 왕조, 오를레앙 왕조 역시 직계가 아니라 방계라 다른 이름으로 불렸을 뿐 모두 카페 가문이다. 프랑스혁명으로 처형당한 프랑스의 마지막 국왕 루이 16세의 처형 당시 이름 역시 루이 카페였다. 800년간이나 왕조가 단절 없이 계속 이어진 셈이다. 한 왕조가 이렇게 오래 지속된 사례는 동서양을 막론하고 찾아보기 어렵다.

● 프랑스 국왕의 직영지

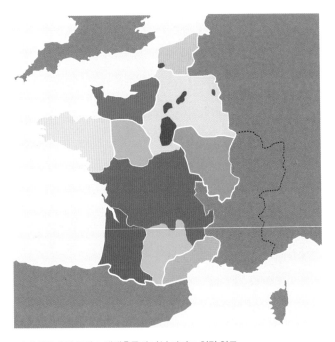

카페 왕조 초반 프랑스 대제후들이 나눠 가지고 있던 영토

100년 전쟁과 프랑스 민족의 형성

카페 왕조에게 가장 큰 위협은 잉글랜드의 플래태저닛 왕조였다(영국 편 참조). 이때 프랑스의 영웅 필리프 2세가 등장했다. 필리프 2세는 잉글랜드 왕이 전쟁에 능한 헨리 2세, 리처드 1세일때는 정면 충돌을 회피하며 외교적인 계략으로 대응하다, 무능한 존 왕이 등극하자 기다렸다는 듯이 칼을 뽑아 들었다. 그리고 존 왕의 군대와, 존 왕과 동맹을 맺은 여러 나라의 연합군을 격파하고 프랑스 영토에서 잉글랜드를 몰아냈다. 이 싸움이 바로 부빈 전투다(1214). 이로써 카페 왕조는 당당한 프랑스의 왕이 되었다.

필리프 2세는 그 이전의 국왕들이 여전히 자신들을 프랑크 왕이라고 불렀던 것과 달리 처음으로 '프랑스 왕'이라는 호칭을 사용했다. 프랑스 초대 국왕인 셈이다. 그래서 프랑스인들은 그의 이름을 함부로 부르지 않고 '존엄왕 필리프'라 부른다.

이후 프랑스의 국력은 빠르게 성장해 한 세기 뒤인 필리프 4세에 이르면 교황마저 압도해 교황청을 프랑스 영토인 아비뇽으로 옮겨 와 자기 영향력 아래 둘 정도가 되었다. '아비뇽 유수'라 일컫는 사건이다(1309). 필리프 4세는 봉건 영주, 기사, 유대인 등 왕의 권력에 도전이 될 만한 세력들을 거의 일망타진했다. 이때부터 프랑스는 본격적인 중앙집권국가의 길을 걷게 되었다.

그런데 필리프 4세가 아들을 남기지 못하고 세상을 떠나면서 수백 년간 순탄하게 이어져 내려오던 카페 왕조의 왕위 계승에 제동이 걸렸다. 이게 도화선이 되어 프랑스는 잉글랜드와 100년 전쟁이라는 기나긴 전쟁을 치르게 되었다(상세한 내용은 영국 편 참조).

100년 전쟁에서 프랑스는 처음부터 거의 끝까지 계속 열세였다. 100년 전쟁의 3대 전투라 불리는 푸아티에, 크레시, 아쟁쿠르 전투에서 모두 전멸에 가까울 정도로 참패했고, 왕이 포로로 잡히거나 총사령관이 전사했다.

프랑스의 처지는 풍전등화나 다름없었다. 프랑스 영토의 대부분을 잉글랜드가 차지했고, 파리와 랭스까지 잉글랜드가 장악하고 있었기 때문에 프랑스 왕 샤를 7세는 대관식도 올리지 못하고 오를레앙에 고립되어 있었다. 왕실의 권위를 세워 줄 장소인 파리와 랭스 대성당이 모두 잉글랜드 수중에 떨어졌고, 여기서 잉글랜드 왕 헨리 6세가 프랑스 왕으로서 대관식을 치렀다.

이때 프랑스의 수호 성녀 잔 다르크가 나타났다. 잔 다르크는 열여섯의 어린 소녀, 더구나 귀족도 아닌 농부의 딸이었지만 프랑스를 구하라는 천사의 계시를 받았다고 외치며 전쟁에 뛰어들었다. 잔 다르크가 진짜 계시를 받은 성녀였는지는 중요하지 않다. 절망에 빠져 있던 프랑스 군의 사기가 높아졌고, 고립된 국왕을 외면하던 영주들도 적극적으로 샤를 7세를 구하기 위해 전력을 다하기 시작했다. 마침내 프랑스는 오를레앙을 포위하던 잉글랜드군을 격파했고, 싸우는 족족 승리하면서 랭스까지 탈환해 정식으로 샤를 7세의 대관식을 성사시켰다(1422).

이 사건은 사실상 중세의 종말을 예고하는 것이었다. 수만 명의 기사들에게 공포의 대상이었던 잉글랜드 군을 겨우 10대 후반의 평민 출신 소녀가 무찔렀으니, 기사를 중심으로 구성된 중세 봉건 사회의 정당성이

100년 전쟁의 영웅 잔 다르크

완전히 무너진 것이다.

이후에도 잔 다르크는 연거푸 승리해 파리 탈환을 눈앞에 두었다. 하지만 싸움에 지친(또는 잔 다르크가 세력을 얻거나 기사 중심의 사회가 무너지는 것이 싫었던) 샤를 7세는 전세가 유리한 상황에서 협상으로 전쟁을 끝내고자 했다.

잔 다르크는 여기에 불복하고 전투를 계속하다 1430년에 잉글랜드의 포로가 되었다. 당시 기사들은 포로가 되면 몸값을 치르는 것이 관례였는데, 샤를 7세는 잔 다르크의 몸값 지불을 거부했다. 결국 잔 다르크는 1431년에 화형당했다.

잔 다르크의 처형은 프랑스 민중의 분노를 일으켰다. 100년 중 80년을 내내 지고 있었는데 그걸 뒤집은 잔 다르크는 프랑스의 수호신이자 자존심이었다. 그런 인물을 마녀로 몰아 화형시킨 잉글랜드와의 타협은 국민 정서상 불가능했다. 샤를 7세는 협상을 포기하고 싸워야만 했고, 결국 승리해 잉글랜드를 프랑스에서 완전히 몰아내는 데 성공했다(1456). 결국 잔 다르크는 화형당함으로써 자신의 뜻을 관철시킨 셈이다.

이 100년 전쟁 동안 프랑스는 영토뿐 아니라 민족으로도 완성되었다. 프랑스의 여러 지역은 각기 다른 군주들이 다스리는 다른 나라에 가까웠다. 각 지역 사람들은 자기들을 노르망디 사람, 가스코뉴 사람, 부르고뉴 사람 등으로 불렀으며, '프랑스 사람'이란 '일드프랑스' 지역 사람을 뜻하는 것이었다. 하지만 전쟁이 길어지면서 바다를 건너온 잉글랜드 군대는 현지에서 식량 등 각종 보급을 해결했고, 이는 민가에 대한 약탈로 이어졌다. 결국 프랑스인들은 지역을 가리지 않고 영국인(잉글랜드 용병 중에는 웨일스, 스코틀랜드 출신도 많이 있었다)에 대한 증오심으로 뭉쳤다. 100년이 넘는 전쟁 동안 프랑스 민중의 삶이 엉망이 되었고, 그들은 영국인을 그 분노와 적대의 대상으로 세움으로써 프랑스 민족의 정체성을 형성했다.

유럽 전체와 싸우는 압도적 강국이 되다

샤를 7세의 뒤를 이은 루이 11세는 '신중왕le Prudent'이라는 별명으로 더 많이 불린다. 그런데 이 말의 원래 의미는 '조심스럽다'보다는 '권모술수에 능하다'에 가깝다. 실제로 그는 '교활왕', '거미왕' 등으로도 불렸다. 샤를 7세가 잉글랜드를 몰아내고 프랑스 영토를 확정 지었다면, '신중왕'은 왕권에 도전하는 귀족과 제후 들을 제압해 프랑스의 중앙집권화를 마무리 지었다. 귀족들은 국왕 눈 밖에 나면 끝장이라는 생각을 하고 국왕의 눈도장을 받기 위해 자기 영지를 떠나 파리로 몰려왔는데, 파리의 화려한 궁정 문화와 사교계가 이렇게 시작되었다.

1483년에 왕위를 계승한 샤를 8세는 나라 안팎으로 아무런 위험 요소가 없는 안정적인 나라를 물려받았다. 유럽에서 가장 비옥한 농토를 보유했고 인구도 가장 많은 데다, 중앙집권화까지 이룬 프랑스는 유럽에서 압도적인 강대국이 되었다. 당시 유럽의 다른 나라들은 봉건제를 완전히 벗어나지 못했기 때문에 전쟁을 하려면 제후들의 협조를 받아 연합군을 소집해야 했고, 프랑스의 유일한 경쟁자인 잉글랜드는 장미전쟁으로 제정신이 아니었다. 누구도 프랑스를 대적할 수 없었다. 이렇게 프랑스가 유럽에서 패권을 휘두르는 역사는 이후 온 유럽이 동맹을 맺어 프랑스와 맞선 나폴레옹 전쟁까지 300년 이상 이어졌다.

그런데 샤를 8세와 그 뒤를 이은 루이 12세는 이 힘으로 나라를 가꾸고 국민의 삶을 윤택하게 만드는 대신 패권을 과시하며 전쟁으로 국력을 탕진했다. 특히 '로마제국'의 상징성을 가지고 있는 이탈리아를 정복하기 위해 여러 차례 전쟁을 일으켰다. 샤를 8세는 이탈리아를 침공해 남부 이탈리아를 정복하기도 했고, 루이 12세는 밀라노를 정복하기도 했다. 하지만 프랑스의 이런 힘자랑은 유럽 여러 나라들이 프랑스를 견제하는 동맹을 맺게 만들었다. 프랑스는 교황, 베네치아, 신성로마제국, 아라곤(스페인), 잉글랜드의 동맹군과 홀로 맞서는 처지가 되었고, 끝내 이탈리아 지배를 포기했다.

합스부르크 왕조와 경쟁, 문화 예술 강국으로의 전환

루이 12세의 뒤를 이은 프랑수아 1세 역시 즉위 초기에는 이탈리아 공략에 열을 올렸다. 하지만 프랑스를 견제할 강력한 세력이며 이후 계속 프랑스의 라이벌이 된 세력이 등장했다. 바로 합스부르크 왕조다. 합스부르크 왕조는 워낙 여러 나라를 동시에 지배하는 제국을 이루었기 때문에 오늘날의 어떤 나라라고 특정하기 어렵다. 신성로마제국의 황제라고는 하나, 그 안의 여러 연방 국가를 직접 지배하지 않았고, 오스트리아를 근거지로 하지만 영토는 오스트리아를 훨씬 넘어섰다. 그냥 합스부르크 제국이라고 부르는 편이 제일 이해하기 편하다.

합스부르크 왕조의 카를 5세 황제는 동쪽으로는 독일, 오스트리아, 보헤미아, 헝가리, 서쪽으로는 스페인의 왕관을 움켜쥐고 프랑스를 좌우에서 압박했다. 결국 프랑수아 1세는 파비아 전투(1525)에서 합스부르크 왕조에게 패배해 이탈리아와 플랑드르를 상실했다. 이때부터 프랑스의 일방적인 힘자랑이 벽에 부딪쳤고, 합스부르크 왕조와의 대결 구도가 성립되었다.

하지만 프랑수아 1세의 진짜 업적은 패배 이후부터다. 이탈리아 영토를 상실한 그는 이탈리아의 진정한 보물이 영토가 아니라는 것을 깨달았다. 그것은 바로 르네상스다. 프랑수아 1세는 곧 메디치 가문을 넘어서는 르네상스 최고의 후원자가 되었다. 레오나르도 다빈치, 벤베누토 첼리니, 줄리오 로마노 등 이탈리아를 대표하는 르네상스 예술가들이 그의 초청으로 프랑스로 옮겨 왔다. 프랑수아 1세는 작가뿐 아니라 작품도 수집했다. 프랑스 왕실의 막대한 자금력을 바탕으로 미켈란젤로, 티치아노, 라파엘로 등 이탈리아 르네상스를 대표하는 거장들의 작품들이 블랙홀처럼 프랑스로 빨려 들어왔다. 프랑수아 1세의 이 방대한 콜렉션이 바로 루브르 박물관의 기반이다.

16세기 초반까지 문화 예술의 중심지는 이탈리아였고, 예술의 도시는 피렌체였다. 프랑스가 문화 예술의 나라로 성장하기 시작한 것은 프랑수아 1세 때부터다. 이후 프랑스 문화는 유럽 여러 나라들에게 '세련됨', '문명'의 상징이 되었고, 프랑스어는 각 나라 왕족이나 귀족의 필수 교양이 되었다.

위: 르네상스 최고의 후원자였던 프랑수아 1세
아래: 루브르 박물관

종교전쟁의 혼란을 넘어 절대왕정의 표준이 되다

16세기 후반 온 유럽이 종교 갈등을 넘어선 종교전쟁에 휘말렸다. 특히 프랑스는 상황이 심각했다. 당시 프랑스에는 개신교 중 루터 교회보다 훨씬 극단적이고 과격한 칼뱅 교회인 위그노가 널리 퍼진 데다, 가톨릭 역시 극단적이고 과격한 예수회의 입김이 거셌기 때문이다.

위그노는 여성과 상공업자를 중심으로 빠르게 퍼져 나갔는데, 문제는 왕실이었다. 잉글랜드나 독일은 교황의 간섭을 뿌리치고 싶었던 왕실이 개신교에 우호적이었지만 프랑스는 그렇지 않았다. 프랑스는 아비뇽 유수 이후 추기경 이하 모든 성직자가 국왕의 명령을 듣는 등 가톨릭이 사실상 국교회나 다름없었다. 그러니 프랑스에서 개신교가 확대되는 것은 교황권이 아니라 왕권을 위축시키는 것이었다.

당시 국왕 앙리 2세는 위그노를 가혹하게 탄압했고, 이 탄압을 피해 많은 위그노가 플랑드르로 이주했다. 그런데 위그노 중에는 상공업자가 많이 포함되어 있었기 때문에 프랑수아 1세 때 크게 발전했던 프랑스 상공업이 위축되었다.

1559년 앙리 2세가 사고로 죽은 뒤 16년 동안 왕이 세 번이나 바뀌면서 귀족들의 권력이 다시 강해졌다. 앙리 2세의 왕비였던 카트린 드 메디시스는 가톨릭을 신봉하는 기즈 가문, 위그노를 신봉하는 부르봉 가문의 갈등을 부추겨 귀족들의 힘을 약화시키려 했다. 이건 명백한 오산이었다. 두 가문의 갈등은 곧바로 내전으로 확대되었다. 그리하여 프랑스는 위그노전쟁(1562~1563)이라는 끔찍한 동족상잔의 비극을 겪어야 했다.

카트린은 부르봉 가문의 대표이자 나바라 왕국의 국왕인 앙리 드 부르봉(위그노 왕)과 자신의 딸 마르그리트(가톨릭 공주)를 혼인시킴으로써 이 내전을 봉합하려 했다. 그런데 이게 더 큰 참사를 불러왔다. 기즈 공작, 앙주 공작 등 가톨릭파 귀족들은 이 결혼식을 하객으로 참석할 위그노파 실세들을 일망타진할 기회로 삼았다. 그리하여 1572년 성 바르톨로메오 축일 밤, 하룻밤 만에 천 명 이상의 위그노파 유력 인사들이 살해당한 성 바르톨로메오 축일의 학살이 일어났다.

사태가 더 심각해졌다. 살아남은 위그노파는 학살극의 책임을 기즈 가문, 앙주 가문이 아니라 프랑스 왕실에게 물었다. 이들은 앙리 드 부르봉을 중심으로 모여서 내전 정도가 아니라 프랑스 왕실을 상대로 반란을 일으켰다. 왕권 강화를 꾀했다가 오히려 생지옥을 만들어 버린 죄책감 속에 카트린이 세상을 떠났고, 기즈 공작의 세력이 더욱 강해졌다. 기즈 공작은 국왕 앙리 3세를 무시하며 권력을 주물렀다. 이를 참을 수 없었던 앙리 3세가 기즈 공작을 암살해 버리자 분노한 가톨릭파가 앙리 3세를 암살했다. 이제 프랑스 궁정은 장미전쟁 당시의 영국 같은 아수라장이 되었다.

앙리 3세에게는 자녀도 형제도 조카도 없었다. 족보를 따져 보니 부계로는 22촌, 모계로 6촌인 나바라의 앙리 드 부르봉이 그나마 가장 가까운 핏줄이었다. 일이 황당하게 되었다. 어제까지 반란군의 수괴라 부르던 위그노파의 괴수에게 국왕이 되어 달라고 엎드려야 할 판이었다. 가톨릭 강경파는 이런 상황을 절대 받아들이려 하지 않았고, 위그노파 역시 성 바르톨로메오 축일의 학살의 원흉으로 프랑스 왕실을 찍어 놓고 있는 상황이라 나라가 둘로 갈라질 판이었다. 유럽의 다른 나라들까지 끼어들어 한쪽 편씩 지원하며(스페인은 가톨릭, 잉글랜드는 위그노) 내란을 부추겼다.

이렇게 프랑스가 공중분해될 위기에서 앙리 드 부르봉이 역사적인 거래를 성사시켰다. 가톨릭으로 개종한 것이다. 이렇게 되자 가톨릭파는 그의 왕위 계승을 막을 명분이 없어졌다. 이렇게 나바라의 앙리 드 부르봉이 프랑스 국왕 앙리 4세로 등극하면서 부르봉 왕조가 시작되었다. 앙리 4세는 왕위에 오르자 이번에는 위그노 교도에게 신앙의 자유를 보장하는 '낭트칙령'을 발표함으로써 지긋지긋한 위그노전쟁을 마무리했다.

이제 앙리 4세에게는 내전으로 엉망이 된 프랑스를 재건하는 임무가 생겼다. 이때 맹활약한 인물이 앙리 4세의 재상 쉴리 공작 막시밀리앵 드 베튄Maximilien de Béthune이다. 그는 농민의 세금을 낮추고 귀족의 세금을 높이면서 민생 안정과 재정 확보를 동시에 이루었다. 낭트칙령 덕분에 위그노 교도들이 프랑스로 돌아와서 상공업이 다시 번창하기 시작했다. 앙리 4세는 오늘날 프랑스인들에게는 우리나라의 세종대왕 같은 위상을 차지하고 있다. 당시 백성들은 그를 앙리 대왕Henri le Grand이라고 불렀는데, 공경의 의미보다는 사랑의 의미를 담았다고 한다. 백성들이 자발적으로 '대왕'이라고 부른 군주는 역사적으로 매우 드물다. 어쩌면 유일한 사례일수도 있다.

백성들이 그를 사랑한 이유는 다른 데 있지 않다. 잘 먹고 잘살게 해주었기 때문이다. 당시 표현에 따르면 "매주 일요일에 모든 가정이 닭고기를 먹을 수 있게" 되었기 때문이다. 닭고기가 뭐 그렇게 대단하냐고 할 수도 있지만 당시 세계의 거의 모든 나라에서 평민들의 삶은 겨우 생계를 유지하는 수준에 머무르고 있었음을 생각해야 한다. 그런데 프랑스에서는 귀족이 아닌 평범한 농민도 닭고기를 먹는 작은 사치를 부릴 수 있었던 것이다. 상대적으로 프랑스가 얼마나 부유한 나라를 이루었는지 짐작할 수 있다.

하지만 앙리 4세는 가톨릭, 개신교 양쪽 극단주의자로부터 암살 위협에 시달렸다. 가톨릭 광신도는 그가 위그노에게 신앙의 자유를 허용해서, 위그노 광신도는 그가 가톨릭으로 개종했기 때문에 증오했다. 그 무렵 신성로마제국에서 황제를 중심으로 하는 가톨릭과 북쪽 제후들을 중심으로 하는 개신교 간의 내전의 조짐이 보였다(나중에 30년 전쟁이 됨). 앙리 4세는 개신교 편을 들어 전쟁에 개입하려 했다. 종교적인 이유 때문이 아니라 합스부르크 왕가의 힘을 약화시키기 위해서였다. 하지만 가톨릭 광신도들의 눈에는 앙리 4세가 종교적 중립 약속을 깨고 개신교 손을 들어 준 것으로 보였다. 결국 앙리 4세는 가톨릭 광신도의 손에 암살당하고 말았다. 백성들이 사랑하는 성군이 암살당하자 거대한 분노가 가톨릭 광신도들에게 쏟아졌다. 결국 가톨릭에서 가장 극단주의적 주장을 많이 한 예수회가 모든 혐의를 뒤집어쓰고 프랑스에서 추방되고 말았다.

앙리 4세의 뒤를 이어 겨우 아홉 살 먹은 루이 13세가 등극했다. 당연히 직접 통치가 어려웠고, 리슐리외Richelieu 추기경이 섭정이자 재상으로서 프랑스를 통치했다.《삼총사》를 비롯한 많은 문학작품에 등장하는 리슐리외 추기경은 성직자의 옷을 입고 있었지만 실제로는 노련한 외교

위: 부르봉 왕조를 세운 앙리 4세
아래: 리슐리외 추기경

관, 유능한 재상, 그리고 과감한 군인이었다. 원래 이름은 아르망 장 뒤 플레시Armand Jean du Plessis이며 리슐리외는 그가 공작으로 있던 영지의 이름이다. 그는 프랑스 왕의 권력을 강하게 하고, 프랑스의 부국강병을 이루는 일이라면 수단과 방법을 가리지 않는 냉정한 전략가였다. 심지어 나라에 이익이 된다면 개신교는 물론 이슬람교를 믿는 오스만 제국과도 기꺼이 손을 잡았다.

리슐리외 추기경이 시행한 왕권 강화 정책 중 가장 중요한 것은 영주가 국왕의 허가 없이 요새나 성을 쌓지 못하게 한 것, 그리고 사사로운 결투 금지다. 결투 금지가 왕권 강화에 중요한 까닭은 각종 분쟁을 결투로 해결하는 것이야말로 귀족을 법 위의 존재로 만드는 방법이기 때문이다. 결투가 금지되면 귀족도 평민들처럼 재판관 앞에 서서 법에 따라 재판을 받아야 한다. 뒤마의 소설《삼총사》에서 리슐리외 추기경이 악역으로 나오는 까닭도 귀족의 특권을 계속 줄여 나갔기 때문이다.《삼총사》의 주인공들은 모두 귀족이다.

그는 독일의 30년 전쟁에 '개신교' 편을 들며 개입했고, 원래 목표했던 대로 프랑스에게 가장 큰 위협이자 경쟁 상대였던 스페인과 신성로마제국을 모두 몰락시키는 데 성공했다. 이렇게 합스부르크 왕가와의 대결에서 승리를 거둔 프랑스는 다시 유럽에서 적수가 없는 독주 체제를 갖추게 되었다.

프랑스 최대 전성기를 이끈 태양왕 루이 14세

리슐리외 추기경이 세상을 떠난 이듬해 공교롭게도 그가 그토록 충성을 다 바쳐 보필한 루이 13세도 세상을 떠났다. 그 뒤를 이은 루이 14세는 겨우 5살 때 등극해 77년의 생애 중에 무려 72년을 국왕으로 재위했다. 아직도 깨지지 않은 유럽 최장 기록으로 영국의 엘리자베스 2세가 2023년까지 재위하면 깨진다. 루이 14세의 재위 기간 동안 영국은 찰스 1세, 청교도 혁명 이후 호국경 올리버 크롬웰과 그 아들 리처드 크롬웰, 다시 왕정복고 후 찰스 2세, 제임스 2세, 윌리엄 3세와 메리 2세, 앤 여왕, 조지 1세가 거쳐 갔다.

하지만 워낙 어린 나이에 즉위했기에 루이 14세가 성년이 될 때까지 어머니인 안 도트리슈와 리슐리외의 후계자인 마자랭 추기경이 섭정으로 정치를 대신했다. 루이 14세의 실질적인 통치 기간은 이들이 사망한 이후부터다. 그래도 직접 통치한 기간이 무려 54년이다.

1661년 드디어 직접 통치를 시작한 23세의 청년 루이 14세는 귀족들의 힘을 억제하고 평민 출신 지식인, 부유층 등 이른바 부르주아들을 적극적으로 발탁해 요직에 앉혔다. 또 관리들을 지방에 파견해 영주나 제후가 지방에서 힘을 발휘하지 못하게 했다.

루이 14세는 대단히 복잡하고 까다로운 궁정 예법으로도 유명하다. 에티켓이라 불리는 이 궁정 예법은 옷 입고, 걷고, 앉고, 서고, 먹는 모든 행위를 세밀하게 규정했다. 더구나 신분에 따라 적용되는 에티켓이 달라, 귀족에게는 엄청나게 복잡한 규정을, 평민에게는 비교적 간단한 규정을 적용했다. 결국 귀족일수록 신분이 높을수록 왕 앞에서 마음대로 말하고 행동하기 어렵게 되었다. 체면을 중시하는 귀족의 속성을 이용해 그들을 꼼짝 못 하게 얽어맨 것이다.

루이 14세는 부강한 프랑스를 물려받기만 한 것이 아니라 이를 효과적으로 키울 줄도 아는 인물이었다. 특히 그가 발탁한 재상 콜베르는 대단히 유능한 인물로서 루이 프랑스를 유럽의 초강대국으로 끌어올렸다. 세상은 루이 14세를 '태양왕'이라 부르며 공경하고 두려워했다. 원래 태양왕은 뛰어난 발레리노이기도 했던 루이 14세가 출연했던 발레 배역이지만, 그의 위상과 워낙 잘 어울렸기 때문에 자연스럽게 그를 일컫는 말이 되었다.

루이 14세는 이것을 과시하고 싶어 몸이 근질거렸다. 그의 과시욕은 프랑스에 유익한 결과와 나쁜 결과를 모두 가져왔다. 유익한 결과는 프랑스의 예술 수준을 크게 높인 것이다. 온 유럽의 부러움을 사는 훌륭한 극장이 세워졌고, 탁월한 극단과 발레단이 창설되어 왕실뿐 아니라 대중을 상대로 훌륭한 공연을 선보였다. 20년이라는 긴 공사 끝에 완공한 베르사유 궁전은 그 장엄함, 화려함, 아름다움에서 오늘날까지도 그 어떤 왕궁도 따라가지 못한다. 그 규모는 1만 명이 한 달 동안 생활하는 데 불편함이 없을 정도로 어마어마하다.

루이 14세가 베르사유 궁전을 짓느라 국고를 낭비해서 프랑스가 몰락했다는 주장도 있다. 물론 그 공사비는 엄청났고, 당시 유럽의 다른 나라들이라면 이런 궁전을 짓다 파산하고도 남았을 것이다. 하지만 놀랍게도 당시 프랑스는 이런 엄청난 궁전을 짓는 데 국가 재정의 5% 정도를 소모했다. 다른 유럽 왕국들에게 프랑스는 감히 넘을 수 없는 벽이자 모

위: '태양왕' 루이 14세
아래: 베르사유 궁전

방하고 배워야만 할 모범이 되었다. 유럽 여러 왕실과 상류사회에서 모국어가 아니라 프랑스어가 공용어로 사용되었다.

딱 여기서 멈추었으면 좋았을 것을, 루이 14세는 프랑스의 부강함을 전쟁으로 과시하려 했다. 그 당시 영토만으로도 프랑스는 러시아를 제외하면 유럽에서 제일 컸음에도 그는 프랑스가 국력에 걸맞은 영토를 가져야 한다고 생각했다. 우선 아메리카 식민지 쟁탈전에 적극적으로 뛰어들어 미시시피강 일대, 허드슨만 일대, 멕시코 등지에 많은 영토를 획득했고(오늘날 미국의 루이지애나 지방이 바로 '루이의 땅'이란 뜻이다), 유럽 나라들과도 끊임없이 전쟁을 일으켰다.

루이 14세는 영국과 네덜란드가 전쟁할 때(1672~1678) 영국 편을 들면서 네덜란드로부터 오늘날의 벨기에 지역을 빼앗았다. 이 성공에 고무된 루이 14세는 10년 뒤에는 독일을 침공해 팔츠 지방을 영토로 삼으려 했다. 하지만 이때는 영국, 네덜란드, 스페인, 오스트리아가 모두 동맹을 맺고 프랑스와 맞서는 바람에 영토 획득에 실패했다. 놀라운 것은 프랑스가 이 강대국들 전체를 상대로 이기지 못한 것이지 지지는 않았다는 것이다.

그러다 행운이 찾아왔다. 스페인 국왕 카를로스 2세가 아들 없이 사망한 것이다. 부지런히 족보를 짜 맞추다 보니 루이 14세의 손자인 앙주 공작 필리프가 계승권을 주장할 수 있었다. 루이 14세는 얼른 손자를 스페인 국왕에 등극시켰다(펠리페 5세). 이건 유럽의 정세를 180도 뒤바꾸는 엄청난 일이다. 원래 스페인 왕실은 합스부르크 왕가 소속이라 프랑스는 항상 동쪽의 오스트리아와 서쪽의 스페인 양쪽의 견제를 받았다. 그런데 스페인 왕실이 부르봉 가문으로 바뀌면 서쪽이 편안해진 프랑스가 모든 힘을 동쪽으로 밀고 나올 수 있게 된다. 더구나 온 유럽이 다 편을 먹어야 겨우 비슷하게 싸울 수 있는 프랑스가 스페인을 합병한다는 것은 다른 나라들에게는 악몽 그 자체다.

결국 프로이센, 오스트리아, 네덜란드, 영국이 몽땅 힘을 합쳐 프랑스의 스페인 왕위 접수에 대항했다. 이게 스페인 왕위 계승 전쟁이다. 이 전쟁은 1702년부터 1714년까지 무려 12년간이나 계속되었다. 놀랍게도 프랑스 혼자서 전체 유럽을 상대로 12년간이나 전쟁을 했고, 더 놀랍게도 사실상 승리했다. 결국 유럽 여러 나라는 루이 14세의 손자가 스페인 왕이 되는 것을 두 나라가 하나로 합치지는 못한다는 조건을 걸고 인정해야 했다.

프랑스와 스페인을 모두 손에 넣고 루이 14세는 기세등등했지만 상처도 많이 입었다. 아무리 프랑스가 최고로 부강한 시대였다고 하지만 온 유럽을 상대로 12년이나 전쟁을 치르는 것은 역시 무리한 일이었다. 무한할 것 같았던 프랑스 국고의 바닥이 보이기 시작했다.

전쟁은 돈 먹는 귀신이다. 전투 한두 번에 베르사유 궁전 공사비만큼이 증발했다. 루이 14세는 이런 전쟁을 20대 때부터 60대가 될 때까지 그것도 온 유럽 연합군을 상대로 수시로 치렀다. 하지만 루이 14세가 저지른 최악의 실수는 낭트칙령을 폐지한 것이다. 태양왕 루이 14세는 자신과 다른 종교를 가진 백성을 용납할 수 없었다. 그리하여 1685년 "하나의 국가, 하나의 국왕, 하나의 종교"라는 구호와 함께 위그노 신앙을 금지했다. 무려 25만 명의 위그노 교도, 다시 말하면 25만 명의 상공업자들이 프랑스를 떠났다. 그 덕분에 이들이 목적지로 선택한 네덜란드, 영국, 독일의 산업이 빠르게 발전할 수 있게 되었다. 경쟁국들을 키워 준 셈이다.

이렇게 프랑스의 태양은 기울고 새로운 태양 영국이 떠오를 준비를 갖추었다. 하지만 루이 14세는 이런 꼴을 보지 않고 끝까지 태양왕 위엄을 뽐내다가 세상을 떠났다. 하지만 그 후손들인 루이 15세와 루이 16세는 외화내빈 상태에 빠진 제국을 물려받게 되었다.

루이 15세는 루이 14세의 무려 증손자다. 루이 14세의 아들들은 모두 루이 14세보다 앞서서 사망했고, 손자들도 이런저런 사고로 죽거나 프랑스 왕위를 포기하는 조건으로 스페인 국왕이 되었기 때문에 둘째 증손자인 루이 15세가 프랑스 왕위를 계승했다. 루이 14세는 죽음을 눈앞에 두고서 자신의 힘자랑 때문에 바닥을 드러내기 시작한 국고를 알아차린 모양이다. 그래서 다음과 같은 유언을 남겼다.

"전쟁을 피하라. 전쟁이 신민들을 파멸시켰다. 짐은 종종 전쟁을 너무 쉽게 생각해 허영심을 만족시키는 수단으로 삼았다. 너는 전쟁 대신 평화를 지키는 데 힘쓰라. 짐의 나쁜 선례를 따르지 말고 백성들의 괴로움을 덜어 주는 정치를 하라. 아쉽게도 짐은 행하지 못했었다. 짐은 이제 죽는다. 그러나 국가는 영원하리라."

놀라운 반전이다. 루이 14세는 "짐이 곧 국가다"라는 말로 유명한 절대군주다. 그런데 말년에 가서는 '짐'과 '국가'를 분리해 생각한 것이다. 이런 걸 보면 그는 많은 업적과 많은 실책이 공존하는 논란거리가 많은 왕이지만 유능하고 영리한 사람이었다는 것만은 틀림없다. 그리고 누가 뭐래도 루이 14세 시대는 프랑스 역사상 최대의 황금기이기 때문에 프랑스인들은 그의 심장을 방부 처리해 보관함으로써 그의 치세를 기념했다. 하지만 네 살에 불과한 증손자가 이 유언을 알아들었을 것 같지는 않다.

부르봉 왕조의 쇠퇴

부자가 망해도 3대는 간다는 말이 있다. 정말 그 말처럼 루이 14세 이후 부르봉 왕조의 영광은 3대 만에 막을 내렸다. 기억하기도 쉽게 루이 14세, 15세, 그리고 16세. 해가 저문 뒤에도 노을이 빛나듯이 프랑스의 영광은 여전히 찬란했고, 거대한 베르사유 궁전에서는 화려한 궁정 문화가 활짝 꽃피었다. 루이 15세는 화려한 궁정 문화에 아주 잘 어울리는 인물이었다. 미남에, 선량하고, 교양 있고, 다른 사람들을 잘 배려했고, 자식들에게 자상한 아버지였으며, 우아하고 화려한 로코코 예술을 꽃피운 예술 애호가였다. 훌륭한 사람이다. 딱 하나, 왕만 아니었으면 말이다.

결단력이 부족하고 착하기만 한 루이 15세는 증조할아버지처럼 귀족들을 손아귀에 쥐지 못했다. 왕권은 여러 귀족과 정파들에게 흩어졌다. 부르주아 출신의 신흥 귀족, 전통적인 세습 귀족, 그리고 성직자 간 세력 다툼이 일어났고, 누구로부터도 미움받고 싶지 않았던 루이 15세는 이들 중 누구의 편도 들 수 없어 우왕좌왕했다.

이 와중에 프랑스는 유럽에서 일어나는 모든 분쟁에 계속해서 개입했다. 1740년에는 오스트리아 왕위 계승 전쟁에 개입했고, 이어진 7년 전쟁까지 개입하면서 겨우 채워지던 국고를 다시 텅 비워 버렸다. 더구나 영국, 프로이센, 오스트리아 등이 빠르게 성장하면서 프랑스의 국력도 예전 같이 압도적이지 않았다. 프랑스는 마침내 패전이라는 것을 경험했다. 남은 것은 엄청난 전쟁 부채뿐이었다. 루이 15세는 세금을 올려서 이를 충당하고자 했지만 귀족과 성직자들의 격렬한 반발로 이루지 못했다. 결국 해외 식민지를 매각해 빚을 갚았다. 그럼에도 불구하고 루이 15세는 정부 수입의 40%를 이자로 지출해야 하는 나라를 손자 루이 16세에게 물려주었다.

혁명과 반동의 소용돌이

부르봉 왕조가 점점 어려운 처지에 빠질 때 하필이면 절대왕정에 대해 의문을 품는 계몽사상이 확산되고 있었다. 계몽사상은 신비로운 힘, 신앙, 계시 따위에 의존하는 중세적 사고방식을 '어둠'이라 부르면서 이성의 빛으로 이를 밝힌다고 주장했다. 이들은 당시 자신들을 그저 '철학자 Philosphe'라 불렀는데 디드로, 콩도르세, 돌바크, 몽테스키외, 볼테르, 루소 등이 맹활약했다. 이들 앞에 종교나 전통에 의해 정당화되던 각종 제도가 '앙시엥 레짐'(낡은 제도)이라는 판정을 받았다.

특히 몽테스키외가 3권 분립을 주장하고, 루소가 사회계약을 주장하면서 신으로부터 받은 신성한 권리라는 국왕의 권력, 그리고 국왕 한 사람에게 집중된 절대적인 권력, 여기서 비롯된 각종 신분제도는 모두 '앙시엥 레짐'이 되었다. 계몽사상은 사람은 날 때부터 자유롭고 평등한 존재이며, 이러한 자유를 구속할 수 있는 법이나 제도는 이성적으로 납득할 만한 자유로운 계약, 즉 입법 과정을 통해서만 만들어질 수 있다고 주장했다.

계몽사상은 상공업을 중심으로 성장하던 신흥 계급인 부르주아 (시민)의 환영을 받았다. 이들은 낡은 봉건적 신분제와 관행이 자유로운 상공업 활동의 걸림돌이 되는 것, 또 자신들이 내는 세금이 아니면 국가 운영이 거의 불가능할 정도인데도 불구하고 자신들이 귀족, 성직자보다 열등한 위치에 있는 것을 '이성'적으로 납득하지 못했다. 이들은 이미 영국에서 국왕은 상징적 존재로 물러나고 시민들의 대표 기관인 의회가 권력을 행사하는 것을 알고 있었고, 더구나 아메리카에서는 왕 없이 시민들의 선거만으로 정부를 구성한 민주공화국이 세워졌다는 것도 알고 있었다. 프랑스 부르주아들 사이에서 이런 생각이 퍼져 나갔다. "영국과 아메리카 식민지가 할 수 있는 일을 프랑스에서 못 할 것이 무엇인가?"

루이 16세는 이런 상황에서 왕위를 계승했다. 루이 16세와 왕비 마리 앙투아네트가 백성들은 굶주리는데 사치스러운 생활을 하고, 빵을 달라는 백성들에게 "빵이 없으면 케이크를 드시지"라고 말해 분노를 일으켰다는 말이 전해 온다. 하지만 루이 16세도, 마리 앙투아네트도 그렇게 경우 없는 사람은 아니다. 오히려 백성들의 어려움에 공감하고자 하였고, 그들 기준에서는 검소한 생활을 한 인물들이었다. 더구나 계몽사상가인 튀르고를 등용해 낡은 제도의 모순을 제거하고 재정 문제를 해결하는 개혁을 시도했고, 심지어 지구상에 최초로 왕이 없는 민주공화정을 수립한 미국 독립 전쟁도 적극적으로 지원했다.

하지만 악화되는 재정 문제는 점점 해결이 불가능한 지경에 이르렀고, 더 많은 세금을 걷기 위해서는 시민의 동의와 설득이 필요했다. 마침내 루이 16세는 절대왕정 치하에서 오랫동안 열리지 않았던 신분제 의회인 삼부회를 소집했다(1788).

문제는 삼부회가 신분 대표자 회의라 신분별로 한 표씩만 행사할 수 있어 인구로 보나 납세액으로 보나 다수인 시민이 표결할 때마다 특권층에게 1대 2로 밀리는 결과가 나왔다는 것이다. 삼부회 자체가 구제도의 모순이었다. 시민 대표와 여기에 동조하는 일부 계몽적인 귀족들은 삼부회를 박차고 나가 테니스 코트에 모여 자기들이 진정한 '국민의회'임을 선포했다. 이들은 이미 영국과 미국에서 일어난 일을 알고 있었기 때문에 의제를 재정 문제에 국한하지 않았다. 이들은 절대왕정과 신분제를 타파하고 국민의 대표인 의회가 통치하는 '입헌군주정'을 요구했다.

이건 루이 16세가 받아들일 수 있는 수준을 넘은 것이다. 루이 16세는 이를 왕권에 대한 도전으로 간주하고 1789년 6월 군대를 보내 의회를 해산하려 했다. 하지만 도리어 대규모 봉기가 일어났다. 봉기한 시민들이 제일 먼저 공격한 곳은 정치범을 수용하는 곳으로 알려진 바스티유 감옥이다.

국민 의회는 1789년 8월 26일 '인간과 시민의 권리 선언Déclaration des droits de l'homme et du citoyen(인권선언)'을 발표하고, 자유, 평등, 사유재산의 불가침성, 압제에 저항할 권리 등을 인간과 시민의 당연한 권리로 선포했다. 루이 16세는 봉기한 시민들에게 굴복했다. 시민들은 베르사유에 있던 왕, 왕비, 왕족들을 파리로 소환했다. 이것이 프랑스혁명이다.

루이 16세를 튀일리궁에 사실상 감금한 국민의회는 제헌의회를 구성했다. 제헌의회는 1791년 입헌군주정과 의원내각제, 그리고 무엇보다도 인권의 보호를 핵심으로 하는 헌법을 제정했고, 루이 16세는 이것을 승인할 수밖에 없었다. 이로써 유럽에서 제일 막강했던 프랑스의 절대왕정이 막을 내렸다.

새 헌법에 따라 입법의회Assemblée nationale législative가 구성되었지만, 이들은 주로 부르주아만 대변했다. 신분제는 폐지되었지만, 참정권은 기업을 운영하거나 기업의 주주인 남성에게만 주어졌고, 토지나 기업을 가지지 못한 수백만 명의 무산 시민(노동자나 비자영농)은 참정권을 얻지 못했다. 왕족, 귀족, 성직자의 특권을 부르주아에게 옮긴 것에 불과한 매우 불만스러운 제도였다. 결국 상퀼로트라 불리던 무산 시민들의 격렬한 시위로 파리가 다시 혼란의 도가니가 되었고, 이들을 무마하기 위해 부르주아 대표 회의에 불과했던 입법의회 대신 무산 시민의 선거 참여도 가능해진 국민공회가 구성되었다.

국민공회는 왕을 퇴위시키고 공화국을 선포했다. 퇴위된 루이 16세와 그 가족들은 오스트리아, 스페인 등 다른 왕국과 내통해 공화정을 뒤집어엎으려 했다는 혐의로 고발되어, '공화국의 적'으로 선포되고 단두대에서 목이 잘리고 말았다.

찰스 1세의 목을 벤 영국이 왕정보다 가혹한 독재에 시달렸듯이, 루이 16세의 목을 벤 프랑스도 자코뱅파의 '공포정치La Terreur'에 시달렸다. 로베스피에르, 생쥐스트 등이 이끄는 자코뱅파는 공화국의 적을 색출해야 한다는 명목으로 자기들과 뜻을 조금이라도 달리하는 사람들을 닥치

위: 테니스 코트의 서약
아래: 루이 16세의 처형

는 대로 단두대로 보내 목을 베었다. 1793부터 1794년까지 단 1년 만에 4만 명이 넘는 사람들이 처형당했다. 정식 재판 없이 군중들이 모여 인민 재판으로 사형시키는 경우도 흔했다. '질량 보존의 법칙'으로 유명한 과학자 라부아지에도 처형당했다.

단두대의 칼끝이 평범한 시민들에게까지 무차별적으로 향하자 국민 공회 의원들도 이 끝없는 숙청에 지치고 말았다. 결국 1794년 7월 로베스피에르에 반대하는 국민공회 의원들과 한때 그의 동료였던 의원들까지 합세해 로베스피에르를 습격했다. 로베스피에르는 자신이 만든 간소한 재판 절차에 따라 신속하게 국민의 적으로 선포되고 단두대에서 목이 달아났다.

유럽을 뒤집어 놓은 나폴레옹

명예혁명 이후 비교적 평화롭게 근대 민주국가의 길로 접어들었던 영국과 달리 프랑스는 로베스피에르의 공포정치를 끝낸 다음에도 혼란을 거듭했다. 자코뱅파 독재를 무너뜨린 온건파들은 복잡한 파벌을 이루었을 뿐 아니라 무능했다.

유럽의 왕정 국가들은 프랑스혁명의 여파가 자기네 나라에 퍼지는 것을 막기 위해 이런 혼란을 틈타 연합군을 편성했다. 명분은 국왕을 시해한 무도한 백성을 처벌한다는 것이지만 실제로는 유럽의 절대 강자로 군림했던 프랑스를 무너뜨릴 기회를 잡은 것이다. 프랑스 민중은 조국과 자유를 지키기 위해 의용군을 결성해 맞섰다. 이때 의용군이 불렀던 노래가 오늘날 프랑스 국가인 '라 마르세유'다. 그러나 의용군은 오합지졸이었고, 여러 이해 집단으로 분열된 정부는 무능했다.

프랑스가 풍전등화의 위기에 처해 있을 때 나폴레옹 보나파르트가 등장했다. 코르시카섬 출신 포병 장교였던 그는 프랑스를 침공한 연합군을 잇따라 격파하면서 프랑스 민중에게 19세기의 잔 다르크 같은 영웅이 되었다. 그 인기를 바탕으로 나폴레옹은 1799년에 쿠데타를 일으켜 권력을 장악했다. 나폴레옹은 대(對)프랑스 동맹을 상대로 방어라는 소극적인 전략을 버리고 선제공격으로 전환했고, 유럽 여러 나라를 잇따라 격파했다.

나폴레옹은 전략의 귀재일 뿐 아니라 군대와 관료 조직을 근대화한 선구자였다. 귀족이 장교를 맡았던 다른 나라의 군대와 달리 나폴레옹의 군대는 능력 위주의 계급, 직업 정신과 조직력으로 뭉친 전문 군대였다. 왕국의 군대는 상대가 되지 않았다.

그나마 섬나라인 영국은 강력한 해군 덕에 바다에서 프랑스를 격파하며 버텼지만, 대륙에서는 스페인, 프로이센, 오스트리아, 이탈리아, 러시아가 잇따라 나폴레옹에게 무너졌다. 나폴레옹의 프랑스는 유럽 전체의 지배자가 되었다.

나폴레옹은 유럽의 지도를 다시 그렸다. 러시아, 프로이센, 오스트리아가 분할했던 폴란드를 바르샤바 대공국으로 부활시키고, 신성로마제국을 해체하고, 오스트리아나 프로이센 영향력 아래 있던 독일의 여러 소국들을 강제로 라인 동맹으로 합병한 뒤 프랑스의 지배하에 두었다. 그밖에도 스페인과 이탈리아를 명목상 동맹, 사실상 속국으로 삼았고, 이탈리아 북부와 네덜란드, 벨기에는 프랑스에 합병해 버렸다.

이런 대제국은 루이 14세, 아니 샤를마뉴도 꿈꾸지 못한 것이다. 나폴레옹 역시 그렇게 생각했다. 그는 자신이 샤를마뉴처럼 황제가 될 자격이 있다고 생각했다. 마침내 나폴레옹 보나파르트는 프랑스 제국을 선언하고 나폴레옹 1세 황제로 등극했다(1804). 공화정을 선포하고 온건파와 강경파를 오가며 혼란을 거듭하던 프랑스는 왕국도 아닌 제국이 되었다. 역사의 아이러니다.

하지만 나폴레옹 1세는 합스부르크 왕가 같은 절대왕정의 황제와 달랐다. 전제정치 대신 법치를 실시했다. 그가 편찬한 '나폴레옹 법전'은 근대국가가 어떤 방식으로 운영되어야 하는지 규정한 최초이자 가장 중요한 법전이다. 나폴레옹은 자신이 황제가 되었다고 구제도로 돌아가거나 왕족이나 귀족을 등용하지도 않았다. 그는 평민의 편이었고 능력 위주의 인사를 했다.

그는 자신이 정복한 지역에 법치주의, 능력주의, 평등주의 등의 프랑스혁명 정신을 퍼뜨렸다. 어떤 면에서 나폴레옹의 정복은 프랑스의 무력을 이용한 유럽의 강제 혁명이었다. 프랑스혁명은 한 나라의 사건이 아니라 온 유럽의 사건이 되었다. 그렇다고 나폴레옹이 민주주의의 선구자, 혁명의 전도사인 건 아니다. 그는 철저히 프랑스의 패권과 이를 통한 프랑스 국민의 존경과 사랑을 목표로 삼았다. 그는 유럽 여러 나라를 분할하고 서로 견제하게 하는 한편, 자기 가족이나 측근들을 통치자로 파견해 패권을 유지했다. 다른 나라에는 패권주의, 자기 나라에는 자유와 평등, 이것은 나폴레옹뿐 아니라 심지어 오늘날까지도 프랑스가 자주 보여

● 프랑스의 위성국
● 프랑스의 동맹국

노르웨이

스웨덴

덴마크

영국

프로이센

러시아

바르샤바 대공국

라인
동맹

프랑스

오스트리아

이탈리아

오스만 제국

포르투갈   스페인

나폴리왕국

위: 나폴레옹 보나파르트
아래: 나폴레옹 1세 시대 프랑스의 동맹국과 위성국

준 이중 잣대다.

처음에는 자기 나라의 구체제를 무너뜨리는 혁명의 전도사로 나폴레옹을 환영했던 유럽 여러 나라 민중과 지식인은 배신감을 느꼈다. 곳곳에서 민족 독립운동이 일어났다. 특히 스페인의 시민들은 비정규군을 조직해 끈질기게 나폴레옹을 괴롭혔다. 이 비정규군을 일컫는 스페인어가 바로 '게릴라guerrilla'다.

나폴레옹은 유럽 곳곳에서 일어나는 반프랑스 운동의 배후 세력이 영국이라고 생각했다. 하지만 나일 해전, 트라팔가르 해전에서 영국의 넬슨 제독에게 참패하면서 제해권을 상실한 프랑스는 영국을 어쩌지 못했다. 그래서 짜낸 방법이 유럽 대륙의 모든 나라가 영국과 거래하는 것을 금지하는 '대륙 봉쇄령'이다. 말하자면 영국을 '왕따'시킨 것이다.

하지만 해외에 많은 식민지를 거느리고 있던 영국은 유럽이 봉쇄되어도 별 타격이 없었다. 오히려 영국으로부터 들여오던 설탕 등의 기호식품 수입이 끊긴 러시아가 더 큰 불편을 겪었다. 러시아는 프랑스 몰래 영국과 거래를 계속했고, 나폴레옹은 그런 러시아의 버릇을 고쳐 주기 위해 1812년 무려 50만 대군을 동원해 러시아 원정을 단행했다.

프랑스에서 러시아까지 이동하는 긴 코스를 프로이센, 오스트리아 등을 격파하며 이동한 나폴레옹은 마침내 모스크바까지 함락하며 기세를 올렸지만, 거대한 국토를 활용한 러시아의 청야 전술과 혹독한 겨울 때문에 굶주림과 추위를 이기지 못하고 비참하게 퇴각했다. 러시아, 프로이센, 오스트리아 연합군은 나폴레옹이 곱게 퇴각하도록 두지 않고 즉각 반격했다. 결국 나폴레옹은 1813년 라이프치히 전투에서 프로이센, 오스트리아, 러시아, 영국 연합군에게 결정적으로 패배하고 파리가 함락되고 말았다. 나폴레옹은 포로가 되어 엘바섬에 유배되었다가 1년 만에 탈출해 재기를 노렸지만 탈출한 지 100일 만에 워털루에서 다시 포로가 되었다. 이후 나폴레옹은 멀리 떨어진 아프리카의 세인트헬레나섬에 유배되어 그곳에서 생을 마쳤다.

혁명 또 혁명

나폴레옹을 무너뜨린 나라들의 목표는 나폴레옹이 흐트러뜨린 옛 질서를 되돌리는 것이었다. 이에 따라 부르봉 왕가가 부활해서 루이 16세의 동생이 루이 18세 국왕으로 등극하는 왕정복고가 이루어졌다. 루이 18세는 자유의 맛을 본 민중을 자극하지 않기 위해 노동자, 농민에 온정적인 정책을 펼쳤고, 자유주의 사상도 묵인했다. 그러나 루이 18세가 세상을 떠나고 막냇동생인 샤를 10세가 등극하자 상황이 바뀌었다. 샤를 10세는 귀족의 특권을 되살리고 그들의 토지와 재산도 혁명 전 수준으로 보전해 주었다. 루이 14세 때의 의전을 되살려 화려한 대관식과 각종 행사도 개최했다.

비판의 목소리가 높아지자 샤를 10세는 언론과 출판에 대한 검열을 강화하고 자유주의 사상의 표현을 제한하고, 강경한 왕당파인 폴리냐크를 총리로 임명해 통제를 강화했다. 이에 반발하는 의회는 해산시켜 버렸다. 루이 16세와 똑같은 일을 한 셈인데, 결과도 똑같아 다시 혁명이 일어났다. 1830년 7월 28일 시민들이 무장 봉기한 뒤, 파리 시내 곳곳에 바리케이드를 설치하고 저항했다.

후작이라는 귀족 신분에도 불구하고 열렬한 공화주의자이며 미국 독립 전쟁, 프랑스혁명의 영웅이었던 라파예트가 70대 노인의 몸으로 또 혁명을 이끌었다. 샤를 10세는 결국 손자 앙리 5세에게 양위를 선언하고 퇴위했다. 그러나 혁명 세력은 앙리 5세를 인정하지 않고 루이 필리프를 국왕으로 선출했다. 이것 바로 7월혁명이다. 그래도 이번에는 샤를 10세나 앙리 5세의 목을 베지는 않았다.

루이 필리프는 왕족이지만 프랑스혁명에도 참가하고 자코뱅파 당원으로도 활동했던 인물로, 자신을 '시민왕'이라 불렀다. 그는 왕권을 매우 제한적으로 행사하고 의회의 권력을 확대하는 등 입헌군주정 개혁을 실시했다. 그러나 그의 정부는 매우 불안정했다. 여전히 강한 세력을 이루고 있던 왕당파는 앙리 5세를 합법적 국왕으로 내세우며 루이 필리프를 '찬탈자'라고 불렀다. 반면 공화주의자들은 루이 필리프를 낡은 왕정의 마지막 잔재로 취급했다.

이때 노동계급(프롤레타리아)이 새로운 정치 세력으로 떠올랐다. 당시 프랑스는 산업혁명이 활발하게 일어나면서 자본가로 성장한 부르주아에게 고용된 프롤레타리아의 수가 엄청나게 늘어나 있었다. 이들은 비참한 노동 조건과 가난에 허덕이면서도 참정권이 없어 자신들의 입장을 정치에 반영시킬 수 없었다. 이렇게 불만에 가득 찬 노동계급 사이에서 사회주의 사상이 퍼져 나갔다. 1848년 2월, 그동안 쌓였던 노동자, 농민 등 무산계급의 불만이 폭발했다. 이들의 봉기는 유럽 다른 나라에도 영향을 주어, 유럽 곳곳에서 무산계급의 봉기가 일어났다. 결국 루이 필리프가

프랑스혁명과 2월혁명을 이끈 라파예트

퇴위하면서 오를레앙 왕조도 막을 내렸다. 이것이 바로 2월혁명이다.

2월혁명 이후 세워진 임시정부는 온갖 정파의 각축장이 되었다. 부르주아 중심의 공화주의파와 노동자 계급의 사회주의파, 루이 필리프 추종자들인 오를레앙 왕조파와 부르봉 왕조 추종자들인 정통 왕조파가 서로를 경멸하고 혐오하면서 의회에 모여 앉았다. 하지만 1848년 4월에 실시된 선거에서 사회주의자들이 대거 낙선하면서 힘의 균형이 기울었다. 1848년 6월, 부르주아 세력으로 이루어진 공화주의 정부는 바스티유 광장에서 벌어진 노동자들의 시위를 무력으로 진압하면서 노동자 정치 세력을 분쇄했다.

오락가락하는 혁명과 폭동의 연쇄에 지친 프랑스 국민들은 강력한 지도자를 꿈꾸었다. 이때 나폴레옹 보나파르트의 조카인 루이 보나파르트가 정치계에 등장했다. 2월혁명 덕분에 선거권을 가지게 된 농민들은 일제히 '나폴레옹'이라는 향수에 표를 던졌다. 나폴레옹의 혈통이 프랑스를 다시 강력하고 질서 있는 나라로 만들어 줄 것이라 믿은 것이다. 결국 공화파, 사회주의파 어디도 아닌 루이 보나파르트가 대통령으로 당선되었다.

대통령이 된 루이 보나파르트는 삼촌이 했던 것과 마찬가지로 1851년 11월에 쿠데타를 일으켜 3권을 모두 장악한 뒤 '국민투표'를 거쳐 나폴레옹 3세 황제가 되었다. 프랑스혁명이 일어난 지 50년 만에 프랑스는 돌고 돌아 다시 제국이 되었다. 이때를 나폴레옹 1세 때와 구별하기 위해 제2제국이라 부른다.

제2제국을 연 나폴레옹 3세

카를 마르크스는 나폴레옹 3세를 조롱하며 "역사는 반복된다. 한 번은 비극으로 한 번은 희극으로 … 삼촌과 조카"라고 썼다. 하지만 나폴레옹 3세는 단지 나폴레옹의 조카가 아니라 유능한 정치가이며 개혁가였다. 프랑스 제2제국은 비극도 희극도 아닌 프랑스 역사상 보기 드문 안정적인 번영의 시대다. 프랑스인들은 이 시대를 '빛의 시대'라고 부른다.

나폴레옹 3세의 통치는 국가가 강한 권력으로 경제와 산업에 개입하는 일종의 개발 독재였다. 그와 비슷한 시기 영국을 빨리 따라잡아야 한다는 공통의 목표를 가지고 있었던 프로이센의 총리 비스마르크 역시 개발 독재 방식으로 빠른 근대화를 시도했다.

나폴레옹 3세는 2월혁명의 주역이면서 사회주의로 무장한 노동자 계급을 달래는 일에도 힘을 기울였다. 비참한 노동자의 처우가 극적으로 개선되었으며, 공휴일과 일요일 휴무 제도 및 각종 복지 제도가 마련되었다. 삼촌과 마찬가지로 나폴레옹 3세도 형식과 방법은 독재, 제정이면서 통치의 내용은 공화적, 민주적이었는데 이런 기묘한 통치를 보나파르티슴이라고 부른다.

젊은 시절 런던에 거주했던 나폴레옹 3세는 영국을 무시하던 대부분의 프랑스인과 달리 프랑스가 영국보다 많이 뒤떨어졌음을 인정했다. 그리하여 파리를 런던보다 근대적인 도시로 바꾸는 대규모 도시 개발 사업을 실시했는데 바로 파리 개조 사업Transformations de Paris이다. 그때 조성된 파리의 모습이 사실상 오늘날의 파리의 원형이다. 영국에게 뒤떨어진 경제와 산업을 따라잡는 목표도 달성해 불과 20년 만에 프랑스는 영국과 어깨를 나란히 할 정도의 근대 산업국가가 되었다.

정치를 안정시키고 경제에서 영국을 따라잡은 나폴레옹 3세는 프랑스가 그 국력에 어울리는 식민지를 차지해야 한다고 생각했다. 그는 프랑스 안에서는 계몽 군주, 민주적 황제 등등이었지만 프랑스 바깥에서는 탐욕스러운 제국주의 침략자였다. 그는 영국과의 충돌을 피해, 영국 식민지를 제외한 나머지 세계에 침략의 마수를 뻗었다. 베트남을 침공하여 베트남, 라오스, 캄보디아를 식민지로 만들었고, 제2차 아편전쟁, 크림 전쟁, 이탈리아 통일 전쟁 등 수많은 대외 전쟁에 개입했다. 멕시코에도 프랑스 꼭두각시 정권을 세운 뒤 멕시코에서 칠레로 이어지는 거대한 프랑스령을 세웠다. 북아프리카와 서아시아에도 침략하여 아프리카의 3분의 1을 식민지로 만들었고, 남아메리카에도 가이아나 등의 식민지를 만들었다. 이렇게 온 세계를 동분서주하려면 강한 해군이 필요했기 때문에 해군 개혁에도 앞장섰다. 범선이 주력이던 시대에 세계 최초로 증기기관을 갖춘 철갑선을 전함으로 도입한 나라가 프랑스다.

나폴레옹 3세는 성공에 취해 온 유럽을 상대로 힘을 과시했던 루이 14세나 나폴레옹 1세의 실수를 반복하지 않기 위해 조심했다. 특히 영국을 자극하지 않으려고 했다. 영국은 이미 '해가 지지 않는 제국'을 이루고 있었기 때문에 적수가 아니기도 했다. 어느새 프랑스 사람들 마음 속에는 섬나라 영국을 제외하고 유럽 대륙에서는 프랑스가 최고라는 자부심이 다시 자리 잡기 시작했고, 결국 그것이 제2제국을 몰락의 길로 이끌었다.

그 상대는 바로 프로이센이다. 당시 독일은 여러 나라로 분열되어 있었고, 그중 가장 강력했던 프로이센은 여러 소국을 통합해 통일된 독일

제국을 세우고자 했다. 프랑스는 통일된 독일과 국경을 맞대는 것이 껄끄러웠기 때문에 이를 방해했다. 당연히 두 나라의 사이가 험악해졌다.

문제는 지난 20년간의 성공으로 프랑스 국민들이 자만심에 빠져 있었다는 것이다. 독일을 야만인 취급했던 당시 프랑스 사람들 사이에서는 당장 군사를 일으켜 베를린을 점령하고 건방진 '촌놈들'을 혼내 주자는 여론이 들끓었다.

마침내 1870년에 보불전쟁이 발발했다. 나폴레옹 3세는 삼촌을 흉내 내어 직접 출전했다. 하지만 큰 실수였다. 그는 내치에는 유능했지만 군사적으로는 무능했다. 프랑스는 스당 전투에서 프로이센에게 참패하고 나폴레옹 3세는 포로가 되고 말았다.

제3공화국, 벨 에포크, 그리고 제국주의

프랑스는 패배를 인정하지 않았고, 나폴레옹 3세의 폐위와 공화정을 선포했다. 이로써 제2제국은 막을 내리고 제3공화정이 수립되었다. 하지만 파죽지세로 진격해 오는 프로이센군을 막을 수 없었다. 결국 프랑스는 1871년 1월 18일 항복문서에 조인하고 막대한 배상금과 알자스로렌 지방을 프로이센이 통일을 완수한 독일에 내주어야 했다. 파리 시민 중 항복을 거부하는 세력들은 자치 정부(코뮌)를 결성하고 항전했지만 제3공화국 대통령 티에르는 이를 잔인하게 진압했다. 독일군은 프랑스 정부 3년치 예산에 해당되는 엄청난 배상금을 받은 뒤 철수했다.

제3공화국은 1876년 선거에서 공화파가 압도적인 다수를 차지하면서 빠르게 안정을 되찾았고, 다시 번영기를 맞이했다. 이 번영기는 1차 세계대전이 발발한 1914년까지 무려 40년간이나 계속되었는데, 이렇게 한 세대 이상 정치적 안정과 경제적 번영이 계속되는 경우는 역사적으로도 유례가 없는 일이다. 어쨌든 이 기간 동안 프랑스에는 물자와 돈이 넘쳤고, 파리는 세계의 학문, 예술, 그리고 유행을 선도하는 도시가 되었다. 이 시기를 '벨 에포크(좋은 시절)'라고 부른다. 파리의 상징이 된 에펠탑이 바로 이때 세워졌다.

그런데 이 번영의 배후에는 식민지에 대한 가혹한 착취가 있었다. 제3공화국 시절 프랑스는 아프리카의 거의 절반을 식민지로 만들었고, 남아메리카, 아시아에도 수많은 식민지를 거느리는 제국이 되었다. 하지만 식민지 주민들은 절대 제국의 신민으로서 대접받지 못했다. 프랑스는 '진화론'을 왜곡해서 자기들이 다른 나라보다 더 진화한 문명국가, 문화민족이라 주장했다. 오늘날에도 여전히 그 어두운 그림자를 드리우고 있는 인종차별주의가 기승을 부렸다. 프랑스는 식민지 주민을 약소국 국민이 아니라 '열등한' 민족, 진화가 덜 된 민족으로 취급했다. 유럽의 다른 나라들마저 깔보는 경향이 있었던 프랑스가 아프리카, 아시아 식민지 국민들을 어떤 눈으로 바라봤을지 상상하기란 어렵지 않다. 프랑스의 식민지 지배는 서양의 다른 어떤 나라보다도 악랄하고 인종차별적이었다.

더 나쁜 것은 이런 인종차별주의가 본국과 식민지의 차별뿐 아니라 본국 국민 중에서 열등한 인자를 가진 사람들을 찾아서 배제하려는 움직임으로 나타난 것이다. 이 차별과 배제의 손끝은 유럽 사회에 가장 많이 진출해 있던 '이민족' 유대인을 향했다. 반유대주의가 팽배한 가운데

파리의 상징 에펠탑

마침내 이 썩은 환부를 드러내는 부끄러운 사건이 터졌다. 1894년에 일어난 '드레퓌스 사건'이다. 이 사건은 프랑스 육군 알프레드 드레퓌스 대위가 독일 간첩이라는 죄목으로 종신형을 선고받은 사건이다. 문제는 그가 무죄라는 증거가 충분했음에도 유대인이라는 이유로 억울한 죄를 뒤집어썼다는 것이다. 에밀 졸라를 비롯한 유명 인사, 지식인 들이 그의 무죄를 주장하며 수많은 탄원서를 썼지만 군사 재판은 완강했다. 이때 발표된 에밀 졸라의 글 〈나는 고발한다〉는 이후 지식인의 사회참여와 비판 정신을 상징하는 글이 되었다.

드레퓌스의 억울한 누명을 풀어 주기 위해 모인 지식인들이 '인권 연맹Ligue des droits de l'Homme'을 창설했다. 이는 드레퓌스 한 사람의 문제가 아니라 프랑스가 국익이라는 이름으로 개인의 양심을 무참히 짓밟고, 평등의 정신을 망각하고 인종차별을 자행하는 나라가 되어서는 안 된다는 절실함에서 비롯된 운동이다. 이들의 끈질긴 노력 끝에 드레퓌스는 12년이 지난 1906년에야 군에 복귀할 수 있게 되었다.

드레퓌스 사건은 분열해 있던 좌파와 진보주의 세력이 단결하는 계기가 되었다. 마침내 1898년 선거에서 진보파가 권력을 차지하면서 역사상 처음으로 선거로 집권한 좌파 정부가 탄생했다. 좌파는 1902년 선거에서도 승리해 권력을 계속 이어 나갔다. 이 기간 동안 정교분리와 전국의 모든 어린이가 신분과 계층과 관계없이 같은 학교에서 같은 교육을 받는 공교육 제도가 자리 잡는 등 오늘날 프랑스 사회를 다른 유럽 나라와 구분 짓는 강력한 중앙집권과 공화주의의 기틀이 자리 잡았다.

위: 드레퓌스 사건의 피해자 알프레드 드레퓌스
아래: 〈나는 고발한다〉를 쓴 에밀 졸라

세계대전과 제국의 단말마

벨 에포크는 아시아, 아프리카 식민지 사람들을 멸시하고 착취함으로써 획득한 막대한 부를 바탕으로 한 번영의 시대다. 자본가들은 식민지에서 획득한 부의 일부를 노동자들에게 양도하는 복지 제도를 통해 사회주의 확산을 방지하고 자본의 확장이 계속되었다. 이러한 제국주의적 팽창 과정에서 프랑스는 영국과 각을 세우는 대신 동맹을 맺고 러시아를 견제했다. 영국은 러시아가 남쪽에 항구를 획득해 해양 강국으로 진출하는 것을 차단해야 했고, 프랑스는 러시아가 서쪽으로 밀고 나와 유럽 대륙에 영향력을 확대하는 것을 막아야 했다. 이는 크림전쟁에서 영국, 프랑스 연합군이 러시아와 맞서 싸우면서 확인되었다. 100년 전쟁의 원수들이 마침내 동맹국이 된 것이다.

그런데 러시아보다 더 무서운 상대가 나타났다. 바로 독일이다. 프랑스를 격파한 프로이센이 라인강 일대의 여러 소국들과 바이에른, 팔츠 등을 합병하면서 탄생한 독일 제국의 발전은 무시무시했다. 독일 제국은 인구로는 프랑스를 능가하고 산업 생산력으로는 영국을 능가하며, 군사력으로는 유럽에서 상대할 만한 나라가 없는 초강대국이 되었다. 하지만 독일은 식민지가 부족했다. 식민지에 대한 열망이 높았던 독일은 프랑스 식민지인 모로코를 무력으로 빼앗으려는 시도를 함으로써 장차 식민지를 놓고 전쟁이 일어날 가능성을 보여 주었다. 또 유럽 대륙에 있기는 하지만 다른 지역보다 발전이 늦은 발칸반도를 식민지로 삼을 궁리를 했다. 이는 역시 발칸반도 진출을 노리고 있던 러시아와의 충돌을 예고했다.

독일이라는 공통의 적이 나타나자 원수였던 영국과 프랑스, 그리고 이들이 동맹을 맺고 피비린내 나게 싸웠던 러시아가 한편이 되어 3국 협상을 맺고 독일을 견제했다. 독일 역시 오스트리아, 이탈리아와 3국 동맹을 맺고 여기 대항했다. 그러다 1914년 오스트리아 황태자가 사라예보에서 세르비아 청년에게 저격당하고, 오스트리아가 세르비아를 침공하자, 그 뒤를 봐주던 러시아와 독일이 참전하면서 영국과 프랑스도 여기 가담해 제1차 세계대전이 일어났다.

제1차 세계대전은 눈부시게 발전한 과학기술이 만들어 낸 막강한 대량 살상 무기들이 등장하면서 이전의 그 어떤 전쟁보다도 많은 사상자를 발생시킨 전쟁이 되었다. 특히 전쟁 말기에는 지루한 참호전이 전개되면서 서로 수만 명씩 전사자를 발생시키면서도 전선 자체는 팽팽하게 유지되는 소모전이 이어졌다. 하필 그 전선이 프랑스 영토 내에 그어져 있었기 때문에 프랑스의 피해가 막심했다.

1918년에 독일이 항복하면서 전쟁이 끝났지만 정작 가장 큰 피해자는 승전국 프랑스였다. 영국이나 독일은 많은 인명을 잃었지만, 프랑스는 인명뿐 아니라 국토까지 파괴되었다. 파리강화회의에서 미국 대통령 윌슨은 이런 엄청난 비극이 다시 일어나지 않도록 평화 체제를 구축하자고 제안했지만 당시 프랑스의 생각은 오직 '독일에 대한 철저한 응징' 하나뿐이었다.

결국 프랑스의 주장대로 논의가 흘러갔다. 프랑스는 알자스로렌 지방을 되찾고, 독일에게 막대한 전쟁 배상금을 물림으로써 보불전쟁의 치욕을 대갚음했다. 실제로 프랑스는 보불전쟁 때 항복문서에 조인했던 바로 그 장소에서 독일의 패전을 확정 짓는 강화조약에 도장을 찍게 했다.

위: 제1차 세계대전의 참호
아래: 3국 동맹(빨간색)과 3국 협상(파란색)

하지만 프랑스의 승전국 지위는 오래가지 않았다. 제1차 세계대전이 끝나고 불과 20년 만에 독일과 다시 충돌한 제2차 세계대전에서 독인이 침공을 시작한 1940년 5월 9일부터 불과 한 달 만인 6월 14일에 파리가 함락되고, 6월 22일에 항복하고 말았기 때문이다. 제2차 세계대전 시작과 동시에 탈락한 셈이다. 프랑스가 전쟁 준비를 소홀히 한 것은 아니었다. 독일과의 국경선에 수백 킬로미터에 걸쳐 거대한 마지노선을 깔았다. 마지노선은 안에서 기차가 다닐 수 있을 정도의 요새들을 수백 킬로미터 이어 놓은 것으로 그야말로 난공불락이었다. 독일군이 마지노선을 돌파하는 대신 벨기에로 우회하는 경우에 대비해 벨기에에 많은 병력을 투입할 준비도 갖추었다.

아니나 다를까 독일군이 벨기에로 침공하자 프랑스, 영국 연합군이 즉각 벨기에로 출동했다. 하지만 독일군 주력은 그 남쪽에 있는 아르덴 숲을 빠르게 돌파하면서 벨기에로 출동한 프랑스, 영국 연합군과 파리 사이의 보급로를 차단해 버렸다. 프랑스 주력 부대는 벨기에에서 고립되어 있거나 마지노선에 있었기 때문에 파리는 무방비 도시가 되어 버렸고, 개전 한 달 만에 독일군에게 함락되었다. 독일은 프랑스 북부는 직접 점령하고 남쪽은 페탱을 국가 원수로 하는 괴뢰 정부가 통치하도록 했다. 이 정부를 비시 정부라고 한다. 비시 정부가 나치 독일에 협력한 것은 단지 무력에 굴복해서만은 아니었다. 실제로 프랑스에는 인종차별주의자, 반유대주의자가 많았기 때문에 나치와 생각을 같이하는 사람들이 의외로 많았다. 이들의 후손들이 오늘날 프랑스 정치를 혼란스럽게 만드는 장마리 르펜 등의 극우 정치인들이다.

위: 제2차 세계대전 당시 마지노선의 병사들
아래: 프랑스의 항복을 받아 낸 독일의 전격전

벨기에에서 고립되어 있다 천신만고 끝에 영국으로 탈출한 프랑스군은 당시 국방 차관이었던 샤를 드골을 중심으로 런던에 자유 프랑스 임시정부를 수립하고 나치 독일에 대항했다. 이후 4년간 프랑스는 독일군 점령하에 있게 되었다. 프랑스 역사상 가장 치욕스러운 시간이었을 것이다. 오버로드 작전(노르망디 상륙 작전)으로 독일군이 물러난 1944년 9월에야 프랑스는 해방을 맞이했다.

제2차 세계대전이 끝나고 난 뒤 프랑스의 행태는 결코 아름답지 않다. 독일 괴뢰 정부였던 비시 정부를 무너뜨리고 권력을 잡은 드골은 대대적인 숙청에 나섰는데, 우리나라에 잘못 알려진 것처럼 나치 부역자를 청산한 것이 아니라 사회주의자, 공산주의자 들을 집중적으로 숙청했다. 그러나 당시 프랑스 국민들 중에는 사회당, 공산당을 지지하는 사람들이 많기 때문에 드골은 역풍을 맞고 권좌에서 물러나고 사회당 연립 정권이 수립되었다. 그런데 사회당 연립 정권은 나라 안으로는 진보 좌파이면서 나라 밖으로는 식민지를 끝까지 움켜쥐려는 제국주의 정책을 고수했다. 세계대전에서 독일에게 무참하게 패배함으로써 떨어진 프랑스의 위신을 회복하고자 한 것이다. 실제로 프랑스는 제2차 세계대전 이후 세계 질서를 재편하는 강대국들의 회담(미국, 영국, 소련이 참여한 얄타회담과 모스크바 3상 회의, 그리고 미국, 영국, 중국이 참여한 카이로회담)에서 계속 배제되었고, 많은 프랑스 국민들은 이를 모욕으로 생각했다.

프랑스는 독립을 요구하는 알제리, 베트남 등을 무참하게 진압했다. 하지만 알제리, 베트남의 완강한 저항을 꺾지 못하고 오히려 식민지 해방 전쟁으로 확대되었다. 게다가 프랑스는 여기서 또 패배했다. 1954년 베트남의 디엔비엔푸, 1958년 알제리에서 잇따라 참패하면서 위신 회복은커녕 추태만 부린 꼴이 되었다.

독재자인가, 전후 재건의 주역인가? 샤를 드골

제2차 세계대전의 참화에서 회복도 되기 전에 식민지 전쟁에 돈을 쏟아 대느라 프랑스 경제가 엉망이 되었다. 결국 사회당 정권은 전쟁 중단을 위해 알제리 해방 전선과 협상을 시도했다. 하지만 프랑스 국민들은 열등한 식민지에게 패배했다며 분노했고, 이를 계기로 알제리 해방 전선을 진압하던 아프리카 주둔군의 쿠데타가 일어났다. 이들은 남프랑스에 상륙한 뒤 파리로 진군했다.

시골에서 은둔하던 드골은 이 기회를 놓치지 않았다. 그는 군복을 입고 방송에 나와 "알제리는 프랑스 땅이다"라는 선동적인 연설을 하고 바로 권력을 장악했다. 권력을 장악한 드골은 헌법을 개정해 대통령의 권한과 임기를 강화한 제5공화국을 수립했다. 막강한 권력을 얻은 드골은 자기에게 권력을 몰아준 군부와 극우 세력을 배신하고 실용주의 노선으로 선회했다. 예상을 깨고 알제리 독립을 승인해서 전쟁을 끝내고, 아프리카의 4분의 1이나 차지하고 있던 식민지 독립도 허용했다. 베트남도 미국에게 떠넘기고 손을 뗐다. 프랑스가 더 이상 방대한 제국을 경영할 수 있는 능력이 없다는 현실을 인정한 것이다.

하지만 드골은 프랑스의 위신과 영광을 방대한 식민지가 아니라 미국과 소련이라는 냉전의 양 세력 사이에서 독자적인 세력을 이룸으로써 찾으려 했다. 이건 프랑스 혼자 힘으로 할 수 없고 서유럽 국가들의 단결이 필요했다. 미국 소련과 어깨를 견주는 유럽이라는 세력을 만들고, 그 유럽을 프랑스가 이끄는 그림을 그린 것이다. 이를 위해 독일과의 화해가 반드시 필요했다. 프랑스와 독일의 관계는 한일 관계와는 비교도 안될 정도로 험악하다는 점에서 이는 정치적으로 큰 모험이다. 독일은 파리를 두 번이나 함락했고, 수백만 명의 프랑스인을 죽인 불구대천의 원수다. 하지만 드골은 그 과거를 털고, '독일·프랑스 화해협력조약'을 맺었다. 이 조약을 밑거름으로 유럽경제공동체가 창설되었고, 이것이 발전하여 오늘날의 유럽연합이 되었다.

드골은 프랑스를 유럽의 맹주로 여겼고, 미국의 군사적 간섭을 받는 북대시양조약기구NATO를 싫어했다. 그리하여 드골은 1966년, 프랑스의 북대서양조약기구 탈퇴를 선언했다. 드골의 정책은 "프랑스는 공산주의의 위협을 심각하게 여기지만, 미국의 부하는 되지 않겠다"로 요약할 수 있다. 이는 미국과 영국을 다소 야만적인 나라로 내려다보던 프랑스 국민의 허영심에 큰 만족을 주었다.

그러나 드골의 통치에 반대하는 사람도 적지 않았다. 교육 수준이 높을수록 그랬다. 드골의 통치는 민주주의와 거리가 멀었고, 개발도상국 독재자들과 가까웠다. 동아시아의 악명 높은 독재자들의 롤 모델이 바로 드골이다. 프랑스는 선진국으로서는 믿기 어려울 정도로 언론 통제가 심했고, 공영방송ORTF은 드골 정책을 지지하는 방송을 강요받았다.

샤를 드골(맨 왼쪽)

프랑스의 마지막 혁명, 68혁명

유럽에서는 영국 사람이 모이면 클럽을 만들고, 독일 사람이 모이면 전쟁을 일으키고, 프랑스 사람이 모이면 혁명을 일으킨다는 우스개가 있다. 실제로 근대 이후 프랑스 역사는 세계사를 뒤흔든 혁명의 연속이었다. 그 프랑스에서 마지막으로 전 세계에 영향을 준 혁명이 일어났는데, 바로 1968년에 일어난 이른바 '68혁명'이다. 사실 68혁명은 독일, 미국에서 거의 동시에 일어나서 어디가 먼저인지 따지기 어렵지만, 이를 혁명이라고 부를 정도의 정치적 변화로 끌고 간 나라는 프랑스다.

1967년 프랑스는 경제 성장률이 떨어지고 실업률이 높아졌다. 모든 독재자들이 그렇듯 드골도 프랑스의 재건과 번영을 약속하며 권위주의적인 권력을 휘둘렀지만, 더 이상 약속을 지키기 어렵게 되었다. 노동자, 특히 젊은 세대 노동자들의 불만이 높아지기 시작했다. 다른 한편에서는 학생들의 불만이 높아졌다. 이들은 드골의 권위주의 통치에 반기를 들고 학문, 사상, 예술, 언론의 자유를 요구했다. 처음에는 노동자들의 시위와 학생들의 시위가 따로따로 열렸지만, 1968년 5월부터 이들이 합세해 프랑스 사회 전체에 대한 개혁을 요구했다. 전국에서 동시다발적인 대규모 시위가 이어졌다. 드골은 강경하게 시위를 진압했지만 이 과정에서 발생한 가혹한 행위에 분노한 시민들이 가세하면서 시위의 규모만 키웠다. 시위는 정부가 통제하기 어려울 정도가 되었고, 드골의 사임을 요구하는 대규모 시위대가 대통령 궁 앞을 행진했다. 독일, 미국, 일본 등에까지 이 물결이 확산되어 온 세계가 청년들의 시위로 들끓었다.

하지만 곧 무너질 것 같던 드골 정권이 1968년 6월의 총선에서 58%

를 득표하며 승리했다. 시위 규모가 커지고 과격해질수록 혼란을 걱정하는 보수적인 어른들이 적극적으로 투표에 나섰고, 시위대의 다수를 차지한 학생들 중 절반 이상이 투표권이 없는 미성년자였기 때문이다. 그러나이미 '프랑스의 지도자' 드골의 위상은 무너졌다. 드골이 독재를 하기 위해서는 보수파의 지지가 아닌 압도적인 국민적 지지가 필요했다. 드골은 보수파 지도자가 아닌 프랑스 지도자의 권위를 회복하기 위해 대통령과 중앙정부의 권한을 대폭 강화하는 법안을 국민투표에 부쳤다. 하지만 47%의 지지를 얻으며 여전히 보수파 지도자에 불과하다는 것이 확인되자 스스로 대통령직을 사임했다. 결과적으로 68혁명이 성공한 셈이다.

드골에 대한 평가는 엇갈린다. 지지자는 드골을 독일에게 패배한 충격과 전쟁 후 혼란을 극복하고 프랑스를 재건한 영웅으로 본다. 반대파는 그를 국민의 자유와 권리를 억압한 독재자로 본다. 둘 다 맞는 말일수도 있다. 드골이 집권하기 전까지 프랑스는 갈피를 잡지 못하고 있었던것도 사실이며, 그가 민주주의보다는 권위주의에 가까운 대통령이었던것도 사실이기 때문이다. 한 가지 확실한 것은 전후 프랑스 역사에서 드골을 빼놓고 이야기할 수 없다는 것이다. 현재 파리의 입구 역할을 하고있는 국제공항 이름 역시 샤를 드골 공항이다.

자유와 혐오의 갈림길

드골 이후 프랑스 정치는 드골주의자와 우파의 집합인 공화국 연합과 사회당, 공산당 등 좌파 연합의 대결이 되었다. 그러다 사회당의 프랑수아 미테랑이 1981년부터 1995년까지 15년을 재임하면서 프랑스는 드골의 우익권위주의 정권의 반대편으로 기울었다.

미테랑은 급격하게 개혁 정치를 펼쳤다. 드골식 억압 통치의 상징인 국가안전법원, 반시위법, 사형 제도를 폐지하고 동성애를 합법화했다. 주요 산업 국유화, 최저임금 인상, 노동시간 단축, 연 5주의 유급 휴가 보장 등 누가 봐도 사회주의 색깔이 분명한 제도도 실시했다. 오늘날 우리 눈에 보이는 복지가 잘되어 있고 노동자들의 권익이 강한 프랑스의 모습은 이때 만들어진 것이다. 하지만 부작용도 만만치 않았다. 이와 같은 정책은 엄청난 국가 재정을 요구했으며, 기업의 경쟁력에도 나쁜 영향을 미쳤다. 미테랑은 돈을 풀어 이를 해결하려 했지만, 이는 인플레이션 위기만 불러왔다. 도리 없이 미테랑은 노동자의 권익과 각종 복지 지출을 축소하고 국영화했던 기업을 다시 민영화하는 등 이른바 '신자유주의' 정책으로 선회했다. 그러자 공산당이 연립 정부에서 탈퇴하고, 좌파의 고정 지지층이 떨어져 나가는 등 사회당 지지율이 뚝 떨어졌다.

이후 미테랑은 우파 공화국 연합의 자크 시라크를 누르고 다시 한번 대통령에 당선되기는 했지만 집권 1기 때와 같은 과감한 좌파 정책은 실시하지 못했다. 사실 그럴 수 있는 상황도 아니었다. 한국, 대만 등 동아시아 신흥국들이 치고 올라오면서 프랑스 경제는 비효율적인 분야를 정리하고 고부가가치 산업으로 체질 개선을 해야 하는 상황이었다. 이건 프랑스뿐 아니라 대부분의 유럽 나라들이 처한 상황이기도 했기 때문에 프랑스를 포함한 유럽 나라들이 유럽연합을 구성해서 경제적으로는 유럽 단일 시장과 국가 간 분업을 통해 경쟁력을 높이고, 정치적으로 단결된 힘으로 미국, 러시아와 대등한 목소리를 내자는 미테랑의 호소에 적극 호응했다. 그의 노력 덕분에 1993년 마스트리흐트 조약이 체결되고 유럽연합이 정식으로 출범했다.

그러나 외치의 성공에도 불구하고 미테랑의 권력은 내치에서 흔들렸다. 비서실장, 경제부 장관, 총리를 역임했던 피에르 브르고부아가 부패 혐의로 고발당한 뒤 자살하는 사건이 일어나면서 미테랑과 사회당의 지지율이 바닥으로 떨어졌다. 미테랑이 출마를 포기한 1995년 대통령 선거에서 사회당의 리오넬 조스팽은 공화국 연합의 자크 시라크에게 패배하고 15년 만에 우파에게 권력을 내주었다. 하지만 1997년 총선에서는 사회당이 승리해 시라크 대통령, 조스팽 총리라는 좌우 동거 정부가 수립된다. 중도 정부가 아니라 좌우 어느 쪽으로도 방향을 잡지 못하는 어정쩡한 정부였다. 경제의 침체는 끝이 보이지 않았고, 유럽연합의 주도권도 독일에게 넘어갔다.

이 틈을 인종차별주의를 내세우는 혐오 정치가 파고들었다. 그 중심에 장마리 르펜이 이끄는 국민전선당이 있다. 이들의 주장은 프랑스의 모든 어려움을 아시아와 아프리카 이주민, 그리고 유럽연합에게 덮어씌우는 것이다. 르펜은 이슬람교에 대한 공포심을 이용해 혐오 정서에 불을 붙였고, 반독일 정서에 편승해 독일이 주도하게 되어 버린 유럽연합으로부터 프랑스의 주권을 지키자고 주장했다.

그리고 2002년 선거, 조스팽 총리는 다시 대통령직을 노리고 시라크에게 도전했다. 그런데 엉뚱한 결과가 나왔다. 장마리 르펜이 조스팽을 누르고 2위 득표를 한 것이다. 프랑스는 충격을 받았다. 인종 혐오 정치인이 결선에 진출하다니 나라 망신이라는 지식인들의 탄식이 쏟아져 나왔다. 결선 투표에서 조스팽과 사회당이 시라크를 적극적으로 지지하는 사상 초유의 일이 일어났다. 극우주의자의 득표만은 막아 달라는 것이다. 결국 시라크는 사상 최대인 82%의 지지율로 결선 투표에서 압승했다.

이때부터 대통령 임기가 5년으로 줄어들었기 때문에 2007년에 치러진 선거에서 우파가 또 승리해 니콜라 사르코지가 대통령에 당선되었다. 하지만 사르코지는 무능하고 부패해 국민의 신망을 잃었고, 그의 임기 내내 반대 시위가 끊어지지 않았다. 결국 사르코지는 2012년 선거에서 사회당의 프랑수아 올랑드에게 패하면서 31년 만에 처음으로 재선에 실패한 대통령이라는 불명예를 안았다.

17년 만에 정권을 되찾은 좌파는 축포를 올렸지만 올랑드는 프랑스 역사상 가장 인기 없는 대통령으로 전락했다. 프랑스는 노동자의 권익과 복지 제도를 축소해야 할 정도로 경제가 어려웠고, 이는 대통령이 사회주의자라 해도 어쩔 수 없는 일이었다. 하지만 사회주의자와 노동자 들은 올랑드를 기업과 자본에 굴복한 배신자로 취급하며 지지를 거둬들였다.

여기에 더해 2015년 11월 이슬람 근본주의자들의 동시다발 테러는 극우 인종 혐오주의자들의 목소리를 키웠다. 노동자와 중하층 서민들 상당수가 사회당 대신 극우 인종혐오주의 정당에게 넘어갔다. 극우파 마린 르펜(장마리 르펜의 딸)의 지지율이 20%를 넘나들고 올랑드의 지지율은 4%까지 떨어졌다. 2017년 대통령 선거에서 올랑드가 재선 출마를 포기하고 브누아 아몽이 사회당 후보로 출마했지만 득표율 5위로 탈락하고 말았다. 집권 여당에서 군소 정당으로 전락한 것이다.

그렇다고 공화당이 승리한 것도 아니다. 공화당 역시 사르코지의 몰락과 함께 군소 정당으로 전락했다. 결국 중도파인 에마뉘엘 마크롱과 마린 르펜이 결선 투표를 치렀다. 양당제가 완전히 무너지고 군소 정당 후보들이 1, 2위가 되어 결선 투표를 치른 것이다. 마크롱이 여기서 60%가 넘는 득표를 함으로써 처음으로 사회당도 공화당도 아닌 제3당 대통령이 되었다.

마크롱은 39세라는 젊은 나이, 톡톡 튀는 정치적 견해, 중학생 시절 선생님과의 결혼 등 여러모로 상식을 깨는 대통령이다. 사실 마크롱은 올랑드 정부에서 경제산업디지털부 장관을 지냈으니 굳이 따지면 좌파 출신이지만, 대통령이 된 이후 강경한 친기업, 친시장 정책을 펼쳤다. 주 35시간 근무제를 무력화하는가 하면 노동자의 휴식권 보장을 위해 시행되던 상점가의 심야 영업 규제도 관광 산업 활성화를 위해 해제하는 등 중도 우파의 포지션에 서 있다. 그 밖에도 법인세 인하, 노동 유연성 강화, 재정 적자 축소를 위해 행정 현대화를 통한 공무원 12만 명 감축 등 프랑스의 어느 정치인도 감히 입 밖에 내지 못했던 정책들을 내걸었다.

표 떨어지는 소리가 들리는 듯하지만, 그는 인기에 연연하지 않는 모습으로 계속 개혁을 밀어붙였다. 실제로 이런 정책을 통해 프랑스 경제가 살아난 면도 있다. 하지만 마크롱은 지지자를 많이 잃어 2021년 6월에 치러진 지방선거에서 그가 이끄는 정당이 모든 지역에서 패배하는 충격적인 패배를 겪었다. 문제는 마크롱 지지를 철회한 유권자들이 좌파가 아니라 극우 정치인들에게 넘어간다는 것이다. 극우 인종차별주의자인 마린 르펜과 에리크 제무르가 마크롱의 재선을 위협하는 지경이다. 근대 민

제25대 프랑스 대통령 에마뉘엘 마크롱

혁명의 나라, 자유와 혐오 사이에서, 프랑스

주정치의 산증인이며 자유와 평등의 나라로 알려진 프랑스 시민의 정치 의식을 의심하게 만드는 상황이다.

어쩌면 마린 르펜이 2017년에 이어 2022년 대통령 선거에서도 결선 투표에 진출할 가능성이 높다. 이로써 프랑스는 무려 세 번이나 극우 인 종차별주의자를 대통령 결선투표에 진출시키는 나라가 된다. 2002년에 는 이런 상황을 부끄러워하는 여론이라도 있었지만 이제는 그마저도 보 이지 않는다. 2020년 10월, 이슬람 과격주의자에게 역사 교사 사뮈엘 파 티가 참수당하는 끔찍한 일까지 벌어지면서 혐오 정치는 그 동력을 점점 더 키워 가고 있다.

프랑스의
미래

프랑스의 미래는 프랑스 국민이 어떤 선택을 하느냐에 따라 밝을 수 도 있고 어두울 수도 있다. 그 열쇠는 바로 다른 민족과 문화에 대한 개 방성이다. 프랑스는 역사 내내 다른 민족, 다른 나라 사람들에게 기회의 땅이었다. 프랑스가 유럽 문화의 중심 국가로 성장한 원동력 역시 여러 나라의 문화를 적극적으로 수용한 데 있다. 이탈리아의 르네상스를 적극 적으로 수용하고 많은 예술가들을 받아들임으로써 오늘날 프랑스가 세 계 최고라고 자부하는 문학, 미술, 발레 등이 발전했다. 프랑스가 근대 민주정치의 선구자가 되도록 한 계몽사상은 영국에서, 프랑스가 현대 철학의 선두에 서게 만든 실존주의는 독일에서 들여온 것이다.

1998년과 2018년, 월드컵에서 우승한 프랑스 국가대표 축구 팀의 구성이 의미심장하다. 1998년 대표 팀 사진을 검색해 보면 우리가 생각하는 프랑스인과 다른 외모의 선수들이 보인다. 당시 월드컵 개최국이었던 프랑스가 높은 성적을 거두기 위해 과거 식민지였던 아프리카 선수들을 대거 귀화시킨 것이다. 이들 중에는 프랑스어로 프랑스 국가를 부르지 못하는 선수도 있었다고 한다. 특히 공격의 핵심을 이룬 지단, 앙리, 트레제게가 모두 아프리카 출신이었다. 두 번째 우승을 차지한 2018년 대표 팀을 보면 아프리카 출신을 찾는 것이 아무 의미 없을 정도다. 아프리카 나라 대표 팀이라고 해도 믿을 정도다.

그런데 프랑스는 축구에 대해서만 개방적이고 다른 분야에서는 폐쇄적이고 국수주의적인 모습으로 바뀌어 가고 있다. 이것이 프랑스 미래의 어두운 부분이다. 미국에서 백인 우월주의자들이 아시아 출신 시민들을 폭행하는 사건이 일어난다면, 프랑스는 그런 사고방식을 가진 사람들의 정당이 득세하고 그 대표가 유력한 차기 대통령 후보인 지경에 있다.

만약 프랑스가 끝내 국수주의적이고 배타적인 극우 민족주의자들의 손에 넘어간다면, 이는 프랑스의 가장 큰 힘의 원천인 문화 예술의 심장을 식히는 결과를 가져올 것이다. 프랑스는 기로에 서 있다. 특정 민족 혹은 종교 집단 전체에 대한 반감과 혐오가 확산되지 않도록 이 위기를 슬기롭게 극복할 수 있을지 세계의 눈이 프랑스를 주목하고 있다.

프랑스에서
조심해야 할 것들

● **지하철**

프랑스는 세계에서 가장 먼저 지하철을 운영한 나라 중 하나다. 그런데 그 지하철 노선의 대부분이 파리에 집중되어 있다. 100년이 넘는 역사를 가진 파리 지하철은 그 오랜 세월만큼 노선도 복잡하고 시설도 낡았다. 에스컬레이터는 찾아보기 어렵고, 정거장 사이도 촘촘해서 역이 엄청나게 많은데 안내 방송마저 나오지 않는 경우가 많아 알아서 보고 내려야 한다. 스크린 도어는 간혹 있고, 아직도 많은 열차 출입문이 수동식이라 승객이 직접 열고 내려야 한다. 또 프랑스 지하철에는 좌석이 접이식인 경우가 많은데, 승객이 많은 시간에는 자리가 나더라도 접고 서는 것이 에티켓이다.

● **화장실**

유럽의 다른 나라도 마찬가지지만 프랑스에는 특히 무료로 제공되는 공중화장실이 드물다. 심지어 대형 쇼핑몰 화장실에서도 돈을 받는 경우가 많다. 화장실 이용료는 적게는 30유로 센트에서 많게는 1유로를 넘는 경우도 있어, 평균 1,000원 정도라고 생각해야 한다. 지도로 미리 여행할 지역의 화장실 정보를 알아보고 이동하는 것이 좋다.

● **영업시간**

상점이나 음식점 등의 영업시간이 우리나라와 많이 다르다. 우리나라보다 늦게 열고 일찍 닫는다. 저녁 7시 이후에는 문을 닫는 상점과 음식점, 카페 등이 많으며, 일요일에는 영업하지 않는 것이 기본이다. 그나마 마크롱 대통령이 관광 산업 진흥을 위해 폐점 시간을 늦추고 휴일 영업도 늘렸지만, 그나마 파리 한정이다. 참고로 프랑스 음식점이나 카페는 같은 매장의 같은 메뉴라도 좌석에 따라 요금이 다르니 주의해야 한다. 대체로 실외 좌석이 실내 좌석보다 상당히 비싼 편이다.

● **치안**

유감스럽게도 프랑스는 유럽의 같은 수준의 선진국인 영국, 독일에 비해 치안이 매우 나쁘다. 강력 범죄는 많지 않지만 관광객을 노리는 소매치기나 좀도둑이 매우 많기 때문에 항상 소지품에 신경을 써야 한다. 특히 동아시아 관광객들은 현금을 많이 가지고 다닌다는 이미지 때문에 쉽게 범죄자들의 목표가 될 수 있다. 귀중품이나 여권 등은 호텔 안전 금고에 넣어 두고 복사본을 가지고 다니는 편이 안전하며 가방을 두고 자리를 비우는 일이 없도록 주의해야 한다.

참고 자료

- 《그러니까, 영국》, 윤영호, 두리반, 2021.
- 《새로운 서양 문명의 역사 상, 하》, 로버트 스테이시·주디스 코핀, 박상익·손세호 옮김, 소나무, 2014.
- 《새롭게 쓴 프랑스 문화》, 이숙은, 한양대학교출판부, 2015.
- 《영국 문화 길잡이》, 박종성, 신아사, 2016.
- 《영국의 유럽》, 브랜든 심스, 곽영완 옮김, 애플미디어, 2017.
- 《옥스퍼드 영국사》 케네스 O. 모건, 영국사학회 옮김, 한울, 2006.
- 《이야기 영국사》, 김현수, 청아출판사, 2006.
- 《이야기 프랑스사》, 윤선자, 청아출판사, 2006.
- 《찰스 디킨스의 영국사 산책》, 찰스 디킨스, 민청기·김희주 옮김, 옥당, 2014.
- 《프랑스 문화의 이해》, 김경랑·최내경, 학문사, 2021.
- 《프랑스 사회사》, 조르주 뒤프, 박단·신행선 옮김, 동문선, 2000.
- 《프랑스 혁명사》, 알베르 소불, 최갑수 옮김, 교양인, 2018.

- 통계청; https://kostat.go.kr/
- 영국 통계청(National Statistics); https://www.ons.gov.uk/

사진 출처

- 21쪽 ©Equestenebrarum; 위키미디어
- 28쪽 ©GJMarshy; 위키미디어
- 30쪽 아래 ©Diego Delso; 위키미디어
- 34쪽 위 ©Chris Holifield; 위키미디어
- 34쪽 아래 ©Otto Domes; 위키미디어
- 37쪽 아래 ©Kim Traynor; 위키미디어
- 47쪽 ©MrsEllacott; 위키미디어
- 51쪽 위 ©quisnovus ; 위키미디어
- 51쪽 아래 ©DAVID ILIFF; 위키미디어
- 115쪽 아래 ©Alex Petrenko; 위키미디어
- 117쪽 ©European Union, 2010; 위키미디어
- 127쪽 아래 ©Britchi Mirela; 위키미디어
- 140쪽 위 ©Víctor Perea Ros; 위키미디어
- 142쪽 위 ©Daniel Vorndran; 위키미디어
- 142쪽 아래 ©Celette; 위키미디어
- 147쪽 아래 ©Rama; 위키미디어
- 151쪽 위 ©Tom Hilton; 위키미디어
- 158쪽 위 ©Gzen92; 위키미디어
- 158쪽 아래 ©Mark Mitchell; Flickr; 위키미디어
- 174쪽 아래 ©Benh LIEU SONG, Flickr; 위키미디어
- 183쪽 아래 ©Luis Miguel Bugallo Sánchez (Lmbuga); 위키미디어
- 207쪽 ©Guilhem Vellut; 위키미디어

반전이 있는
유럽사 2

초판 1쇄 2022년 2월 28일

지은이 권재원

펴낸이 김한청
기획편집 원경은 김지연 차언조 양희우 유자영 김병수
마케팅 최지애 현승원
디자인 이성아 박다애
운영 최원준 설채린

펴낸곳 도서출판 다른
출판등록 2004년 9월 2일 제2013-000194호
주소 서울시 마포구 양화로 64 서교제일빌딩 902호
전화 02-3143-6478 팩스02-3143-6479 이메일 khc15968@hanmail.net
블로그 blog.naver.com/darun_pub 인스타그램 @darunpublishers

ISBN 979-11-5633-445-3 43920